मिस वर्ल्ड–अनडिक्लेयर्ड और
अन्य लघु एकांकी

वाणी प्रकाशन

नयी दिल्ली-110002

फोन : 3273167, 3275710 • फैक्स : 3275710

e-mail : vani_prakashan@yahoo.com

vani_prakashan@mantraonline.com

मिस वर्ल्ड–अनडिक्लेयर्ड और अन्य लघु एकांकी

सत्येन्द्र श्रीवास्तव

ISBN 81-7055-168-4

वाणी प्रकाशन
21-ए, दरियागंज, नयी दिल्ली-110002
द्वारा प्रकाशित

प्रथम संस्करण : 2002

मूल्य : 100.00

बालाजी ऑफसेट, दिल्ली-110032
में मुद्रित

MISS WORLD UNDECLARED AUR
ANYA LAGHU EKANKI
by Satyendra Srivastava

ब्रिटेन के
उन एशियाई बहनों और भाईयों को
जिन्होंने कमरतोड़ मेहनत करते हुए
अपने को यहाँ बनाए रखा है
और इस देश को बहुजातीय समाज
बनने में अपना
योगदान
किया है।

अनुक्रम

सर्कस

(एक पात्र नाट्य)

[मंच–सुंदर सज्जित कमरा। जब पर्दा उठता है तो कोने पर मेज़ पर रखे टेपरिकार्डर पर पश्चिमी संगीत बजता सुनाई पड़ता है। मंच पर छब्बीस साल की एक सुंदर भारतीय लड़की, जिसका नाम लता है, शलवार-कुर्ता पहने, हाथ में एक पत्र लिए कुछ पढ़ती-सोचती-टहलती रहती है, फिर धीरे से मेज़ की तरफ़ बढ़कर टेपरिकार्डर से उठते संगीत को धीमा कर देती है। संगीत अब नहीं के बराबर सुनाई पड़ता है। लड़की पत्र को कुछ देर देखती है, और सोफ़े पर बैठ जाती है]

लड़की : *(ऊपर देखते हुए)* मेलिसा की चिट्ठी फिर आई है। बड़ा अनुरोध किया है इस बार। लगता है अब उसके सवालों का जवाब देना ही पड़ेगा। *(सामने दर्शकों की ओर देखकर)* मेलिसा मेरी अमरीकी दोस्त है। उसे जब से मैं भारत से यहाँ आई, तबसे जानती हूँ। मैं इग्लैंड चार साल पहले आई। अपनी बी.ए. की परीक्षा पास करने के तुरंत बाद। जब मैं यहाँ आई तो जैसी मैं नई थी, वैसी ही मेलिसा भी। वह अपने पति के साथ सैन फ्रैन्सिस्को से आई थी। उसके अमरीकी पति को लंदन में उनके फर्म के ब्रांच में काम मिला था। वे उस फर्म के उच्च्य अधिकारी नियुक्त हुए थे। और मेरे पति तो लंदन में पढ़ाई समाप्त करने के बाद यहीं रुक गए थे। यहाँ उन्हें उनकी लाइन में ही एक अच्छी नौकरी मिल गई थी। काम मिलने के बाद ही उन्होंने मॉर्गेज लेकर हैंपस्टेड के खूबसूरत इलाके में एक छोटा सा

मकान ख़रीद लिया था। मकान ख़रीदने के तुरंत बाद उन्होंने भारत में एक रिश्तेदार को लिखकर शादी करने की इच्छा प्रकट की थी। इनके वे रिश्तेदार मेरे पिता के पहचान वाले थे। अतः दोनों ओर से रिश्ता बनने में देर न लगी थी। मुझे देखने के लिए वे दिल्ली आए थे। वहीं हम पहली बार मिले। पहले सोचा गया था कि हम हरियाणा में—जहाँ के हम लोग हैं—वहीं हमारे गाँव में वे मुझे देखने आएँ, पर चूँकि मेरा फाइनल करीब था अतः हम दिल्ली में ही मिले। मेरे होने वाले पति को मैं तुरंत पसंद आ गई। शादी के बाद तो कभी-कभी वो यह भी कहते थे कि सच कहूँ तो तुम पर पहली ही निगाह डालते, तुमसे प्यार हो गया था। मैं, वो जब भी यह कहते, तो अक्सर पूछ बैठती थी : और उसी वक्त मुझसे पहलेवालियों को भुला भी दिया था, क्या? वह तब बिना हिचक कह देते थे : पहलेवालियों को प्यार नहीं किया था। उनका संग किया था। *(ज़रा रुककर, कुछ हँसकर)* हाँ, एक बात का जवाब वो कभी नहीं देते थे। मेरे पूछते ही बात बदल देते थे। मेरा वह सवाल होता था : मेरे पहलेवालियाँ 'कितनी' हुई थीं। तीन अंकों में पहुँच गई थीं कि नहीं।...इसका जवाब उन्होंने कभी नहीं दिया था। यह सवाल मैं उन्हें चिढ़ाने के लिए नहीं पूछती थी। मैं सचमुच जानना चाहती थी। जानना इसलिए चाहती थी कि उनके सब दोस्त जो सीना तानकर कहा करते थे कि मैंने तो बीसियों के साथ, दर्जनों के साथ किया, वे भी मेरे पति की ओर अंत में इशारा करते हुए कहा करते थे—लेकिन इससे कम। क्योंकि लड़कियाँ इन पर फिदा रहती थीं। क्योंकि हमारे बीच यही सबसे खूबसूरत और तगड़े हिंदुस्तानी थे। हरियाणा के मज़बूत जिस्म वाले, चौड़े सीने वाले यही थे। सिर्फ मूँछें पतली रखते थे। मुझे अपने पति के दोस्तों से, उनके बारे में, यह सब सुनकर जाने क्यों कुछ अच्छा-अच्छा सा भी लगता था। और कभी-कभी कुछ बुरा भी लेकिन जलन नहीं होती थी। होती भी क्यों। मेरे आने के बाद—सब पिछलीवालियाँ, पिछलीवालियाँ जो हो चुकी थीं। फिर शायद मैं उन औरतों में से हूँ जो कहीं भीतर महसूस करती

हैं कि मर्द जितनी ज्यादा लड़कियों से गुज़रता है *(ज़रा रुककर)* उतना ही मज़बूत पानी वाला हो जाता है। मेरे पति की पाप्युलैरिटी का कारण यह था शायद कि वो बड़े मिलनसार, और बहुत पोलाइट आदमी थे। किसी को जानबूझ कर किसी प्रकार का कष्ट देना उन्हें नहीं आता था...किसी को दुख नहीं पहुँचा सकते थे।...यहाँ तक कि मुझे याद है, कि हमारी पहली रात के बाद, उन्होंने सुबह, नाश्ते पर, मुझे अपनी बाँहों में भरकर, मेरे कानों में आकर, धीरे से बहुत खुश और मीठी आवाज में पूछा था, ''लता, तो तुम्हें मैंने किसी प्रकार की पीड़ा तो रात में नहीं पहुँचाई न?''...मैं अब भी, जब वह सोचती हूँ तो, मेरे रोंए-रोंए रोमांचित हो जाते हैं। किसी लड़की के नहीं होंगे, ऐसी रात के बाद सुबह एक 'कंसीडरेट' पति की ऐसी मीठी बातों को सुनकर?

[फिर क्षण भर ख़ामोश रहकर वह एकदम सोफ़े पर से उठ खड़ी होती है और टेपरिकार्डर वाले मेज़ के पास जाती है। और बोतल में रखे पेय को गिलास में ढालकर एक घूँट पीती है। कुछ देर खड़ी सोचती है। फिर सोफ़े की कुर्सी पर आकर धम्मं से बैठ जाती है।]

...बस कहाँ-से-कहाँ पहुँच गई। मैं बात मेलिसा की कर रही थी। पहुँच गई पति पर। बार-बार बात वहीं पहुँच जाती है। ...नो! बट नॉट दिस टाइम। कन्सन्ट्रेट लता...कन्सन्ट्रेट।...

मेलिसा से मेरी मुलाक़ात एक प्राइमरी स्कूल में हुई थी। हम दोनों ने उस स्कूल में अध्यापकी एक ही दिन शुरू की थी। हम दोनों को सात-आठ वर्षों तक की लड़कियों को पढ़ाने का काम मिला था। मेलिसा से मेरा परिचय स्कूल की हेडमिस्ट्रेस ने स्टाफ़ कॉमन रूम में कराया था। मुझे याद है मेलिसा पहली भेंट में ही मुझे बहुत अच्छी लगी थी। जिस चीज़ ने मुझे उसकी ओर सबसे पहले आकर्षित किया था, वह थी उसकी अंग्रेजी का सैनफ्रैन्सिस्को वाला उच्चारण। उसमें अमरीकी ढंग की, इंग्लैंड के ऑक्सफोर्ड-कैम्ब्रिज वाली अंग्रेजी की परिपक्वता थी और भाषा 'प्रिसाइज'। एक-एक शब्द स्पष्ट! फिर मेलिसा कभी-कभी

अपने सहज वाक्य को भी लोच देने के लिए, रुक-रुक कर कहती थी। मेरे पति तो यहाँ तक कहते थे कि उसका रुक-रुक कर बातों का कहना, उसे और अधिक 'सेक्सी' बना देता है। दूसरा आकर्षण जो मुझे मेलिसा में लगा था वह था उसका निरंतर आकर्षित करने वाला रूप। वह सचमुच बहुत सुंदर थी। और उसका शरीर बहुत उत्तेजक...यहाँ मैं यह कह देना आवश्यक समझती हूँ कि मुझे लड़की होते हुए भी कभी-कभी दूसरी खूबसूरत लड़कियों का मांसल और गठीला शरीर, पुरुष से ज्यादा उत्तेजित करता है और उकसाता है। मुझे याद हैं, जब हम दोनों की मित्रता बढ़ गई थी, और एक दिन जब मैंने 'स्वीमिंग पूल' में, तैरने के बाद, 'शावर' लेते वक्त, उसके पूरे शरीर को देखा था...तभी से उस पर मोहित हो गई थी। मेलिसा को 'मैं' भी बहुत ही सुंदर लगती थी। और मेरे शरीर को देखकर उसमें भी कुछ ऐसे ही भाव उठे थे। पर हम दोनों उसी दिन से एक-दूसरे के ऐसे खिंचावों के प्रति चौंकन्ना हो गए और हमारे बीच की शारीरिक आकर्षणों की बात आगे नहीं बढ़ पाई। और हमारी दोस्ती के बीच कुछ ऐसा नहीं हुआ, जिससे कि हमें बाद में किसी कलह या दुख का सामना करना पड़ा हो। फिर शारीरिक आकर्षणों से ज्यादा हमारे बीच कितनी ऐसी चीजें थीं जो हमें एक-दूसरे के लगातार पास लाती रहीं—निरंतर नज़दीक और नज़दीक। हम दोनों कुछ माने में 'रिबेल' थीं। जहाँ भी किसी चीज़ का विरोध करना हो, किसी से अधिकार माँगना हो, या कहीं जुलूस में भाग लेना हो, तो हम दोनों सबसे पहले डंककर तैयार हो जाते थे। बहुत बार तो हम यों ही बात का वितंडा खड़ा करते थे। मुझे एक घटना याद है। हमें स्कूल में काम मिले दो महीने भी नहीं हुए थे, तब की।... मेलिसा की क्लास में एक अफ्रीकन काली लड़की थी। कोई सात साल की। अत्यंत भोली और शांत। वह चुपचाप आकर पहली पंक्ति के एक स्टूल पर बैठती थी। लगातार अपनी काली, गहरी, बेंधती, चमकदार आँखों से मेलिसा की ओर देखती रहती थी। उसे अपनी तरफ़ ऐसे देखते हुए मेलिसा को कुछ अजीब-सा

लगता था। जहाँ और लड़कियाँ बोर्ड पर उसे लिखता हुआ देखती थीं, वह अफ्रीकन लड़की सिर्फ मेलिसा को देखती थी। लेकिन मेलिसा को जो बात ज्यादा परेशान करती थी वह थी, उस लड़की की एक अजीब आदत। वह यह थी। ज्यों ही वह मेलिसा की तरफ़ देखने लगती थी, ठीक उसी वक्त वह लड़की अपने अँगूठे को मुँह में रखकर उसे चूसना भी शुरू करती थी। और फिर जैसे वह मुँह से अँगूठा निकालना ही नहीं चाहती थी। कभी-कभी तो सवाल का उत्तर—जो वह शायद ही कभी देती थी, मुँह में, अँगूठे को रखे हुए ही देती थी। कुछ दिनों बाद एक दिन मेलिसा ने तंग आकर मुझसे उस लड़की के बारे में बताया। मैंने कहा, 'लगता है, उसे माँ-बाप का प्यार नहीं मिल पा रहा है, इसी कमी को पूरा करने के लिए शायद वह अनजाने ऐसा करती है।' मेलिसा ने कहा, 'स्पष्ट कारण तो यही हो सकता है—एक 'फ्रायडेयिन एक्स्प्लनेशन'। लेकिन मुझे लगता है, यह लड़की भूखी होती है, सुबह। शायद वह बिना कुछ खाए-पिए स्कूल आती है।' मेलिसा ने एक दिन उस बच्ची से पूछा। मेलिसा की बात सच निकली। वह लड़की सिर्फ आधा गिलास दूध पीकर स्कूल आई थी। उसके पेट में कोई 'सॉलिड' खाना नहीं पड़ा था। अब क्या था, मेलिसा के अंदर का पूरा मार्क्सिज़्म प्रस्फुटित हो उठा था। वह सीधे हेडमिस्ट्रेस के पास गई और ज़ोर-ज़ोर से लड़की के बारे में उनसे कहने लगी। जैसे इस सबके पीछे गलती, हेडमिस्ट्रेस की हो। मेलिसा ने यहाँ तक कह डाला, गुस्से से हेडमिस्ट्रेस से, कि हम गोरे लोग काले लोगों की ग़रीबी का हाल न तो जानते हैं, न ही उनके साथ सहानुभूति रखते हैं। उसने तुरंत मांग की कि स्कूल की तरफ़ से उस लड़की के लिए अतिरिक्त इंतज़ाम करना चाहिए। हेडमिस्ट्रेस लिबरल औरत थी, तुरंत तैयार हो गई। तब तक मैं भी वहाँ पहुँच गई। मेलिसा मेरी दोस्त थी। मैंने भी उसका साथ देने, समर्थन को मज़बूत बनाते हुए उत्तेजित होकर कहा, हाँ कल से हम दोनों उस लड़की को कुछ खिलाने के पहले क्लास में नहीं आने देंगे। हेडमिस्ट्रेस इस बात पर भी तुरंत तैयार हो गई। हम

दोनों को उसने इस तरह तुरंत हमारी माँगों को स्वीकार करके, जैसे निःशस्त्र बना दिया। यह बात हमें कुछ अजीब-सी लगी। हमारे अंदर का 'रिबेल' बहुत सहजता से दबा दिया गया। क्योंकि हमारी माँगें प्रायः इतनी आसानी से नहीं स्वीकार ली जाती थीं।

[अंतराल : संगीत ध्वनि–लड़की पास रखे गिलास को उठाकर दो घूँट पानी पीती है, फिर–]

(ज़रा रुककर) तो ऐसे थे हम दोनों। बाद में इस घटना को लेकर हमें कुछ झेंप-सी भी आई थी। क्योंकि हमें कुछ दिनों में ही पता चल गया कि उस अफ्रीकन लड़की के मुँह में अँगूठा रखने का वास्तविक कारण 'फ्रायडेयिन' ही था। उसके माता-पिता का तलाक़ हो रहा था, और उस लड़की की 'कस्टेडी' को लेकर जो झगड़ा होता था, उसी के कारण वह लड़की अफसोस से कुछ खा पी नहीं पाती थी और अँगूठा चूसती रहती थी। लेकिन मेलिसा का तर्क भी ग़लत और अनाधारित नहीं था। मैं स्वयं जानती हूँ कि ग़रीब घरानों की लड़कियाँ कभी-कभी बिना नाश्ता किए स्कूल आती हैं। और ऐसी लड़कियों में जिनकी संख्या ज्यादा होती है, वह ग़रीब और अ-गोरे लोगों की। *(कुछ ख़ामोशी)*...लेकिन जिस सूत्र ने मेलिसा को और मुझे और अधिक निकटता में बाँधा, वह था हमारे ऊपर सहसा गिर पड़े दुःख के पहाड़ों ने। दुख इंसान को क़रीब लाता है। मेलिसा का, हमारी मुलाकात के कोई डेढ़ साल बाद तलाक़ हुआ। और मेरे पति का गहरी लेकिन अचानक बीमारी से देहांत। फिर उसके बाद हम दोनों ने कितना कुछ साथ-साथ जिया-झेला। अब भी वह जब सोचती हूँ तो वे सारे दिन आँखों के सामने एक तस्वीर–जीते-जागते चेहरों, घटनाओं वाले तस्वीर बन जाते हैं। अभी भी उन दिनों की यादों के जब झटके लगते हैं तो मैं छटपटा-छटपटा कर रह जाती हूँ। मेलिसा भी अपने अतीत से पूरी तरह अलग नहीं हो पाई है। कम से कम उसके पत्र से तो यही लगता है। अब वह अमरीका लौट गई है और विश्वविद्यालय में शोध कर रही है। जिसे मैंने अभी, हम दोनों पर गिरे दुःख

का पहाड़ बताया, उसके बारे में भी दो शब्द यहाँ कह देना अनावश्यक न होगा। मेरे पति को अचानक एक दिन घुटनों में बेहद दर्द शुरू हो गया। उन्हें लगा कि उनका पैर पूरी तरह जवाब दे गया है। हम उन्हें अस्पताल ले गए। डाक्टरों को यह डायग्नोस करने में ज़रा भी देर न लगी कि उन्हें कैंसर हो गया है। और वो कुछ ही महीने जीवित रह सकेंगे। सब तरह की दवाएँ हुईं। सब कुछ किया गया...पर वो बचे नहीं। उनकी बीमारी को जानने के बाद से ही मेरी दुनिया जैसे रुक-सी गई। बाहर से तो मैं सब धीरज का समुद्र बाँध कर करती रही हूँ पर भीतर से सारा पानी कहीं सूख चुका है। मुझे इस वक्त लग रहा है कि इस बात को आगे नहीं बढ़ा पाऊँगी।...

[हल्का संगीत]

(थोड़ी खामोशी) मेलिसा पर जो दुःख का पहाड़ टूटा, वह था उसके तलाक का। वह अपने पति के साथ इतनी सुखी लगती थी कि जिस दिन उसने इस संबंध में सब कुछ बताया था, हमें अपने कानों पर विश्वास तक नहीं हुआ। वे दोनों जहाँ साथ होते, एक जोड़ी के रूप में बहुत ही ध्यान खींचने वाले दिखते। उन दोनों का व्यक्तित्व बड़ा 'डॉमनेयरिंग' था। उनके होने से, माहौल में उनके उपस्थित होने की चमक-सी आ जाती थी।... मेलिसा के तलाक का कारण, उसका एक और व्यक्ति से शारीरिक संबंध का हो जाना था।...मेलिसा एक ऊँचे, मध्यवित्त अमरीकी परिवार की, लाड़-प्यार में पली-बढ़ी, अकेली बेटी थी। पर वह बचपन से ही इस बात को प्रकट करने में अपनी सबसे बड़ी शान समझती थी कि वह औरों से भिन्न है—'आइ एम डिफरेंट'—यह एक किस्म से उसका 'मोटो' हो गया था। शायद इसी से उत्सित उसके व्यक्तित्व का एक और पहलू भी था। वह 'विपरीत' या उलटी चीज़ों के प्रति ज्यादा आकर्षित हो जाती थी। यही कारण था, कि उसको काला रंग पसंद था। वह ज्यादातर काली 'ब्लाउज़ें' पहनती थी, जो उसके गोरे-सोने और ताँबे मिश्रित जैसे शरीर के रंग पर बहुत फबती थीं। लेकिन वह जो भी पहनती उस पर 'इस्त्री' नहीं करती थी। क्योंकि अच्छे

साफ-धुले कपड़ों को 'इस्त्री' और सुंदर और ताज़ा-सा बना देती है, इसलिए वह इसका उलटा करती थी। वह बहुत ही साफ़ लड़की थी। हमेशा धुले कपड़े पहनती थी। पर पहनने के पहले वह अपनी नीली जीन और ब्लाउज़ों को मोड़-मरोड़ कर उसे ऐसी शक्ल दे देती थी कि अभी-अभी बिस्तर में से सोकर उठी है। अपनी धुली जीनों पर कभी वह स्याही छिड़क देती थी, कभी बोर्ड पर डस्टर से मिटाकर चॉक की धूल रगड़ लेती थी, जिससे यह लगे कि वह गंदा कपड़ा पहने है। लेकिन अपने सुनहले, लंबे, लहराते बालों को हर दूसरे दिन धोती थी। उसके बाल इतने सुंदर थे कि वह कैसी भी हालत में उन्हें बाँधे, जूड़ा बनाए या कंघियाये या यों ही लपेट ले हमेशा खूबसूरत, ताजे और अभी-अभी धोए से लगते थे। मेरे पति उसके कपड़ों को जानबूझ कर गंदा बनाकर पहनने के बारे में कहते थे, वह यह लोगों का ध्यान आकर्षित करने के लिए करती है। उनका परिचित वाक्य था, 'मेलिसा वॉन्ट्स अटेंक्शन ...ऑल द टाइम...एव्री मिनट। शी इज़ द बिगेस्ट अटेंक्शन सीवर गर्ल...आई हैव एवर नोन'...तो मैंने पहले कहा न कि उसे अपने गोरे होने के विपरीत काला रंग पसंद था। शायद यही कारण था कि उसका जिस लड़के से सबसे पहला शारीरिक संबंध हुआ, वह एक काले रंग वाला खूबसूरत व्यक्ति था वह अभी भी उसकी फोटो अपने पास रखे है। वह उसके प्यार में थी। जब उसके मध्यवर्गीय अमीर-अमरीकी परिवार के लोगों को यह पता चला कि उनकी बेटी एक 'निगर' को प्यार करती है, तो उन्हें तो लगा कि उनकी दुनिया ही उजड़ गई। तब मेलिसा सोलह वर्ष से जरा ही ज्यादा उम्र की रही होगी। उस पर हर तरह के दबाव डाले गए। उसने जमकर अपने परिवार का मुक़ाबिला किया, पर अंत में उसकी हार हुई। हार का मुख्य कारण यह था कि उस काले अमरीकी लड़के के परिवार पर भी बहुत सारे दबाव डाले गए। वे लोग ग़रीब थे। अतः उनके दबाव से लड़का मेलिसा का साथ न दे सका। मेलिसा अभी भी लिखती है कि अगर वह मज़बूती दिखाता तो मैं उसके साथ भाग गई होती। पर जब आधार ही चुरमुरा हो तो पुल कैसे पार किया

जा सकता है। मेरे पति ने मेलिसा के इस संबंध के बारे में एक टिप्पणी जो की थी, वो आज भी मुझे याद है। उन्होंने कहा कि 'काले लोगों के प्रति दो ही तरह की लड़कियाँ आकर्षित होती हैं एक, जो मजदूर घराने की होती हैं। जो उनके साथ काम करती हैं। उनके खुशहाल बर्ताव नाच-गाने से अपने को खुश होता पाती हैं। उनके मज़बूत जिस्मों में ज्यादा संभोग-शक्ति देखती हैं। और दूसरी बहुत अमीर—'एक्सक्यूसिव' परिवार के घरों की लड़कियाँ, क्योंकि वो कुछ 'डिफरेंट' भिन्न होना चाहती हैं, भिन्न पाना चाहती हैं। मेलिसा दूसरी श्रेणी में आती है।' *(कुछ सोचकर)* मैं तो कहती हूँ मेलिसा किसी एक ख़ास श्रेणी में नहीं आती। वह 'अटेंक्शन-सीवर' है। यह सही है। पर कौन लड़की ऐसी नहीं होती। फिर मेलिसा तो अत्यंत सुंदर और आकर्षक है। और फेमनिन भी। मुझे याद है, जब भी वह बाग़ में घूमते-चलते कभी अपने पति से लिपट कर चलती थी, तो सचमुच ऐसा लगता था कि पेड़ से एक कोमल लता लिपटी हुई है। एक बार उसने भावुक क्षणों में मुझसे कहा था ...कि पुरुष की बाँहों में वह अपने को प्यार के क्षणों में सचमुच बहुत 'कोमल' बिल्कुल निरीह हो जाता महसूस करती है। अंदर से बाहर तक—'वनरेबुल'।...उन क्षणों में पुरुष जितना ज्यादा 'डॉमनेयरिंग' हो उसे अच्छा लगता है। उन कोमल व शायद कुछ हद तक कमजोर क्षणों में, पुरुष के इशारों पर कुछ भी कर देने को तैयार हो जा सकती है। किंतु इसके दूसरी ओर यह भी कहती है कि जब वह किसी स्त्री के प्रति आकर्षित होती है। या उससे किसी प्रकार का शारीरिक संबंध स्थापित करती है तो स्वयं उस लड़की के साथ पुरुष का रोल अदा करती है। उसके लिए वह उसी तरह मज़बूत मर्द बनकर अपने को दिखाना चाहती है।

[क्षण भर हल्का विराम संगीत]

(कुछ रुककर) लेकिन मेलिसा का तलाक किसी स्त्री से उसके संबंध को लेकर नहीं हुआ। उसके पति को, मेलिसा की इस आदत का पूरा पता न था। मेलिसा को मालूम था कि अगर

होता भी तो वह शायद इसे 'टालरेट' कर लेते। अनदेखी कर चुप सह लेते। जैसे मेलिसा की और बातों को। *(रुककर)* क्योंकि एक दिन जब मैंने इसके बारे में उससे पूछा था तो उसने कहा था, शायद मेरे पति को मालूम है कि मैं ऐसी हूँ... पर वह जानबूझ कर भी नहीं जानना चाहते। और मैं भी इसे एक 'व्यक्तिगत' बात मान कर नहीं बताना चाहती। यह मेरा बिल्कुल निजी मामला है। न तो उन्हें पूछने का हक़ है, और न ही मुझे बताने का। क्योंकि ऐसे प्यार...मेरे अपने 'सीक्रेट्स' हैं। मैं किसी अन्य व्यक्ति का राज़ खोलकर, उस व्यक्ति को अपने पति की निगाह में कमज़ोर या नीचा नहीं बनाना चाहती। ख़ैर ...तो जिस बात पर मेलिसा का तलाक उसके पति से हुआ था, वह उसका एक काले सूडानी अफ्रीकी से शारीरिक संबंध था। हुआ यह कि उसके पति किसी काम से अमरीका गए थे। तभी वह, एक शनिवार की शाम को अकेले बैठे बोर होने के बजाय किसी डांस हाल में गई। वहीं उसे वह सूडानी व्यक्ति मिला। वह रात में देर तक उसके साथ नाचती रही। फिर उसके घर गई। वहीं दोनों ने एक-दूसरे से संबंध स्थापित किया। मेलिसा को वह व्यक्ति पसंद था। और जब तक वह तीन-चार दिन लंदन रहा, उसके साथ ही, हर रात रही। पर पति के लौटने तक वह सूडान वापस चला गया। शादी-शुदा था। इसलिए संबंध के आगे बढ़ने का सवाल नहीं उठा। पर उस व्यक्ति का शारीरिक नशा मेलिसा पर इतना छाया हुआ था कि ईमानदारी बरतने के लिए उसने यह बात पति को बता दी। उसने सोचा उसके 'लिबरल' पति शायद इस संबंध को समझें। पर वह नहीं हुआ। दोनों में बेहद झगड़ा हुआ। उसके पति ने तो यहाँ तक कह दिया कि अगर तुम्हें काले लोग इतने पसंद हैं तो जाकर उनके साथ क्यों नहीं रहतीं। यह 'डबल रोल' क्यों करती हो। एक तरफ गोरे समाज में 'गुडी गुडी' का। लेकिन अंदर से कोई दूसरा। फिर दोनों में बात नहीं बन पाई। और अंततः तलाक हुआ। *(रुककर)* तो यह रही हमारे दुखों के पहाड़ों की कहानी। अब मेलिसा की बातें बताने के बाद उसके पत्र पर ध्यान देना

है। मैंने पहले कहा न! मेलिसा को पढ़ने और शोध करने में दिलचस्पी रही है। आजकल वह भारत के 'अरेंज मैरेज' पर कुछ लिख रही है। इसीलिए उसने मुझे इन सवालों की एक सूची भेजी है। इसमें 'अरेंज मैरेज' और भारतीय लड़कियों की इस समस्या—अगर समस्या माने तो—के प्रति दृष्टिकोण आदि सवालों के अलावा, उसने मेरे बारे में भी कुछ निजी सवाल पूछे हैं। पत्र में साफ़ लिख दिया है कि वह मुझे एक उदाहरण के रूप में ले रही है, अपने लेख के संबंध में। क्योंकि मैं उसे एक तरफ़ तो 'औसत' भारतीय लड़की लगती हूँ, तो दूसरी तरफ़ मुझमें वह कुछ 'असाधारण' भी पाती है। अपने बारे में उसके यह दोनों दृष्टिकोण मुझे कुछ अजीब-से लगते हैं। पर यह उसका दृष्टिकोण है। मुझे कोई आपत्ति नहीं। लेकिन कठिनाइयाँ इनके कारण कुछ ज़रूर उपस्थित हो जाती हैं। जैसे मेरे मन में उठता यह सवाल कि 'वास्तव में 'औसत भारतीय' लड़की क्या होती है।'...लेकिन मेलिसा के इस प्रश्न पर आने के पहले एक काम करना चाहूँगी...

[वह सोफ़े से उठ खड़ी होती है, और बिजली के, दरवाज़े के पास लगे स्विच की ओर जाने लगती है]

...इस बत्ती को बुझा देना। पता नहीं क्यों जब मैं कुछ सोचने या महसूस करने की स्थिति में होती हूँ तो, अपने आसपास रोशनी से मुझे घबराहट होने लगती है। इसीलिए इस कमरे में इस समय कुछ अँधेरे का होना ज़रूरी है।...यह कहकर बत्ती बुझा देती है।

[कमरे में क्षणभर बिल्कुल अँधेरा। फिर वह दूसरी तरफ़ जाकर हल्के-नीले बल्ब वाला टेबुल लैंप का स्विच ऑन कर देती है, और वापस आकर सोफ़े पर बैठ जाती है और कुछ सोचने लगती है, फिर यकायक कह पड़ती है।]

लोगों को रोशनी से पता नहीं क्यों इतना लगाव होता है ओफ्फ़! रोशनी कितना कुछ अनायास उजागर कर देती है। रोशनी की चकाचौंध से कभी-कभी मेरी रग-रग काँप उठती है। मुझे याद है जब मैंने मेलिसा से पहली बार यह बात कही थी,

तो कितना आश्चर्य हुआ था उसे। फिर उसने अपनी आदत के अनुसार, सवाल कर दिया था, कि मैंने क्या कभी इस बात पर गहराई से विचार किया है? क्या कभी वापस लौटकर सोचा है, कि रोशनी मुझे क्यों एक तीखी चीज़–कभी-कभी असह्य चीज़ लगती है। तो मैंने अपने एक सपने के बारे में मेलिसा को बताया था। बचपन के एक सपने के बारे में। वह सपना था उस दिन का, उस क्षण का जब मैं पैदा हुई थी। मैंने उस सपने में, अपने को अपनी माँ की कोख से जनमते हुए देखा था। मेरे सपने की ज़रा-सी बात को सुनकर, मुझे याद है, मेलिसा स्तब्ध-सी हो गई थी। फिर उसने उस सपने को पूरे विस्तार से सुनाने की ज़िद की थी...और मैंने उसे जो सुनाया था, उसी के बाद से उसे मैं कुछ 'असाधारण' व्यक्ति भी लगने लगी थी। उसे जो सुनाया था, वह यों था :

अपने जन्म के समय की, उस एक बहुत लंबी, अँधेरी, काली रात की याद, जो शेष है, वह एक विशाल अँधेरे के ढक्कन की है जिसे उलट कर मैं बाहर आई थी। आई क्या थी, उस ढक्कन के बाहर, मुझे खींचा गया था। मैं उस समय, बाहर न भी आना चाहती, तो बच नहीं सकती थी। मैं नन्ही-सी, नहीं के बराबर थी। जो हाथ मुझे बाहर लाने की चेष्टा में थे, वे मज़बूत थे, उन्हें मालूम था कि वे क्या कर रहे हैं। वे अपने काम के अभ्यस्त लोग थे। जब मुझे बाहर निकाला गया था, तब भी सब तरफ़ अँधेरा-ही-अँधेरा था। क्योंकि उन प्रारंभिक क्षणों में मेरी आँखें नहीं खुली थीं। न तो मेरी देखने वाली आँखें और न ही मेरे मन की। अर्थात् सब कुछ बंद था। और हर तरफ़ अँधेरा ही अँधेरा था। वह अँधेरा था अनेक-अनेक पर्तों में। वह अँधेरा अनेक-अनेक पर्तों वाला था। अगर मैं, अभी आँखें बंद कर लूँ, तो वह अँधेरा केवल मुझे दिखेगा ही नहीं, बल्कि मैं उसे अपनी रग-रग में, अपनी धमनियों में महसूस करने लगूँगी। मैं जब आँखें बंद करती हूँ, तो अँधेरा उस दिन की ही तरह, मुझे आज भी पर्त-पर्त में दिखने लगता है। कुछ यही कारण था कि जब मैं जन्म लेकर बाहर निकली थी तो उस अँधेरे की कुछ पर्तें

धुँधली होने लगी थीं। लग रहा था, उस पर कोई चीज़ चढ़ने लगी है। और वह अँधेरा अपने अँधेरेपन की गहराइयाँ खोने लगा है। तो वह चीज़, जो अँधेरे को धुँधला बना रही थी, वह थी रोशनी। वह थी, अँधेरे पर, चढ़ती हुई रोशनी की लपट। और ज्योंही वह मेरे अंधकार को चीरती हुई बढ़ी मैं इस क़दर घबरा गई थी कि आँखों को ज़ोर से भींच कर बंद कर लिया था। इतनी जलन लगी थी मुझे रोशनी में कि मैं बेतरह चिल्लाने लगी थी। पर मेरी चिल्लाहट की आवाज़ बाहर नहीं आ पा रही थी। मुझे अनुभूति हो रही थी कि मेरी चिल्लाहट एक विशाल हॉल में लंबी गूँज बनकर खो रही है...फिर मुझे यह भी महसूस हुआ था कि उस विशाल हॉल में कोई और नहीं था। वास्तव में वहाँ कुछ नहीं था। इसीलिए शायद चिल्लाने की आवाज़ इतनी बड़ी गूँजें उठा रही थी। तभी डाक्टर ने मेरे चूतड़ पर एक तमाचा मारा कि मैं दर्द से बौखला कर बाहर आवाज़ करूँ। अपने में जीवन होने का ऐलान करूँ। लगता है जीने की घोषणा के लिए रोना ज़रूरी है। तो मैं उस तमाचे के पड़ते ही चिल्लाकर रो पड़ी थी। लेकिन मैं आज तक सही माने में निश्चय नहीं कर पाई हूँ कि मैं जो उस क्षण रोई थी वह तमाचे की चोट से बौखला कर या रोशनी की चमक से घबरा कर। मेरी आँखें खुल रही थीं और मुझे रोशनी बर्दाश्त नहीं हो पा रही थी। इसीलिए तो इस तरह चीख कर...फूट-फूट कर रोई थी। मेरी माँ तो अब भी नहीं मानती कि मैं रोशनी से घबरा कर रोई थी।

[क्षणिक अंतराल]

इसीलिए जब मैं अपनी कोख से अपने बच्चे को जन्म दे रही थी, और बच्चा बाहर आने वाला ही था कि मैं नर्स से चिल्लाकर बोली थी कि कमरे की सारी बत्तियाँ बुझा दो...मैं नहीं चाहती कि मेरा बच्चा भी रोशनी की चोट से मेरी ही तरह चिल्ला पड़े। तो नर्स ने मुख्य बत्ती बुझा दी थी। पर पूरी तरह अँधेरा नहीं किया जा सका था। कुछ रोशनी तो स्वाभाविक ही अँधेरे के पास होती है। लेकिन नर्स को उस समय बहुत कुछ करना था मेरे बच्चे के लिए, अतः पूरी तरह रोशनी नहीं गुल

की गई थी। तो मेरा बच्चा भी जब बाहर निकला था तो मेरी ही तरह चीख कर रोया था। मैंने उसे गोद में ले लिया था। मुझे याद है उसके शरीर पर मेरे पेट का खून था। और जब मैं उसे अपनी छाती से चिपका कर उसे रोने से रोकने के लिए सहला रही थी, तब उसका रक्त—याने मेरा रक्त मेरी और उसकी चमड़ी पर एक चिरंतन सूत्र जैसा बन रहा था, जैसे मोह का धागा हम दोनों की चमड़ी को जोड़ रहा था, फिर भी मुझे उसका रोना अच्छा नहीं लग रहा था। मुझे अपने रोने की बात याद आ रही थी। *(कुछ रुकती है, फिर जैसे सोचकर)* मैंने जब यह सब मेलिसा को बताया था तो उसे कुछ अजीब-सा लगा था। उस अजीब होने का बोध उसके चेहरे पर स्पष्ट था। लेकिन उसने सिर्फ इतना ही कहा था : मुझे अपने जन्म होने के क्षणों का कुछ भी याद नहीं है। यह सचमुच एक असाधारण अनुभूति की बात मुझे लगती है। तभी से मेलिसा मुझमें कुछ 'असाधारण' होने की बात मानने लगी है।...

[कुछ देर मंच पर खामोशी। फिर उठती है। टेपरिकार्डर तक जाती है। और संगीत की धुन को तेज़ कर देती है। छोटी मेज़, जिस पर लैंप है, वहाँ एक बोतल से संतरे का रस एक गिलास में डालती है। पहली घूँट पीती है। जैसे कंठ की शुष्कता को मिटा रही है। फिर दूसरी घूँट...और संतरे का रस पीती हुई कमरे में टहलती है। संगीत की धुन पर अपने सिर को हिलाती है। फिर टेपरिकार्डर की आवाज़ को धीमी कर देती है, और हाथ में गिलास लिए वापस सोफ़े पर आकर बैठ जाती है, आगे कहने लगती है]

और अब, सच कहूँ तो मुझे रोशनी का कॉम्प्लेक्स हो गया है। इसलिए ही नहीं कि मुझे अँधेरा अधिक पसंद है। बल्कि इसलिए भी कि रोशनी में मुझे लगता है, कि मैं नग्न हो रही हूँ। मुझे याद है जब मेरे सुहागरात में...यथार्थ अपनी पूरी ताक़त से बाहर आ जाता है। और गड़ने लगता है। मेरी माँ की तो बचपन से ही यह शिकायत रही है कि मैं क्यों देर देर तक अँधेरे में बैठती हूँ। क्यों इतनी कम रोशनी में पढ़ती हूँ...क्यों अपनी

आँखें ख़राब किए जा रही हूँ। मेरे पति को भी मुझसे इसकी शिकायत थी। उन्हें मालूम था कि मैं जहाँ भी होती हूँ रोशनी कम कर देती हूँ। मुझे अच्छी तरह याद है कि जब मेरे पति आखिरी साँसें ले रहे थे...और उन्हें पूरा आभास हो गया था कि वो जा रहे हैं तब कहा था बत्ती जलती रहने दो। बत्ती न बुझाओ। कमरे की रोशनी कुछ और बढ़ा दो। मैं अँधेरे में नहीं मरना चाहता। मुझे यह भी याद है, कि जब उनकी आखिरी साँस, मेरे पानी की घूँट को देने के साथ जब बाहर निकली थीं, तो उनकी दोनों आँखें खुली थीं, जैसे रोशनी को अब भी भर रही हों। रोशनी की तलाश में रोशनी को देख रही हों। तभी मेरे मित्र विमल ने तुरंत झुककर उनकी आँखों को मूँद दिया था। *(कुछ रुककर)* मुझे जन्म के वक्त के समय की अँधेरे की बात तो याद है, पता नहीं मृत्यु के समय वह अँधेरा क्या रूप लेगा ... मैं यह जानना चाहूँगी...लेकिन वह लगता है दूर की बात है। पता नहीं तब मेलिसा कहाँ होगी, क्या वह मुझसे तब भी ऐसे सवाल पूछेगी, या नहीं, कौन जाने...

लेकिन मुझे अपने पति की मृत्यु के उस क्षण की रोशनी की कोई बात नहीं भूली है। उनकी फटी-फटी आँखों में मरती हुई रोशनी की झांई आज तक मुझे दिखती है...लेकिन अँधेरे की तरह रोशनी की भी कितनी पर्तें होती हैं। कितनी तरहें होती हैं। ठीक उस क्षण मैंने जहाँ एक तरफ़ मरती रोशनी का फीकापन देखा था वहीं दूसरी तरफ़ विमल की आँखों में एक नई तरह की रोशनी का भी, उठना और फैलना देखा था... उसकी आँखों की रोशनी में कुछ हल्का सुख, कुछ नई आशाएँ, कुछ आह्लाद मुझे दिखा था। जिसे देखकर, मुझे सच कहूँ तो, बड़ी घबराहट सी हुई थी। उसका एक कारण तो यह था कि मैं विमल से डरती थी। नहीं, उससे नहीं उसके प्यार से डरती थी...

[क्षणिक अंतराल संगीत ध्वनि]

(कुछ रुककर) इस क्षण मुझे लग रहा है कि विमल के बारे में कुछ बता ही दूँ! शायद विमल के बारे में मेलिसा को पूरी तरह पता नहीं है।... विमल हरियाणा के एक बड़े पुराने जमींदारों

और अमीरों के परिवार का बेटा है। हमने एक दूसरे को, मेरी शादी होने के कुछ महीनों पहले देखा था। वह मेरे गाँव अपने किसी दोस्त की शादी में आया था। वहीं उसने मुझे देखा था। मुझे याद है कि मुझे देखते ही, जाने उसपर क्या मद चढ़ गया था कि वह अपनी आँखें मेरी तरफ़ से मोड़ना ही नहीं चाहता था। एकटक देखे ही जा रहा था उस क्षण से ही उसकी निगाहों ने मेरा इस तरह पीछा करना शुरू किया, कि मुझे साँप की तरह अपने को समेट समेट कर, रेंगना सा पड़ता था। जैसे उसकी दृष्टि मुझे अपने पाश में बाँधे बिना नहीं रहेगी। मैं सचमुच उसकी नज़र से घबराने लगी थी। वह बहुत ही सुंदर और आकर्षक व्यक्ति है। पर उस समय मेरी उसकी तरफ़ झुकने की बात ही नहीं उठ सकती थी। मेरी शादी कुछ ही दिनों पहले तय हुई थी...मेरे पति स्वयं अपने परिवार के मर्दों के साथ मुझे देखने हमारे घर आ चुके थे और मुझे पसंद किया था... और मैं भी उनकी तरफ़ आकर्षित हो चुकी थी...ऐसी स्थिति में, इस नए...आगंतुक के प्रति झुकने का सवाल ही नहीं उठता था। लेकिन विमल के लिए तो मैं एक लपट की तरह उसके जीवन में आ गई थी वह मेरे प्यार में पड़ गया था... यह उसने एक पत्र में लिखकर, एक दिन छिपाकर मेरे पास भिजवा दिया था। मैंने उस पत्र का न तो कोई जवाब दिया था... न ही उसके बारे में ज्यादा सोचा ही था। मुझे लगा था कि यह कोई नई बात नहीं है। शहर में कालेज के दिनों में भी कुछ लड़कों ने ऐसे पत्र भेजे थे। अतः यह सब कोई नई और ऐसी असाधारण बात नहीं थी मेरे लिए। फिर मेरी शादी हुई। मेरे पति इंग्लैंड से छुट्टी लेकर शादी करने आए। धूमधाम से हमारी शादी हुई। वो वापस चले गए। क्योंकि कुछ ही महीनों बाद मेरी परीक्षाएँ होने को थीं, और उन्हीं दिनों मेरे इंग्लैंड आने की व्यवस्था भी हो रही थी। ब्रिटिश एम्बेसी में दो-तीन बार जाना हुआ। पर मेरा केस उलझा नहीं था, तो इंग्लैंड आने की इज़ाजत मिल चुकी थी। मैंने बड़ी मेहनत की थी। मुझे विश्वास था कि मैं परीक्षा में सफल हूँगी। मैंने मन ही मन इंग्लैंड जाकर पति पर बोझ

बनकर न रहने और कुछ काम करने का विचार कर लिया था। मुझे याद है, जब मैं आखिरी बार ब्रिटिश हाईकमीशन, अपना पासपोर्ट, जिसपर मुहर लग चुकी थी, लेने जा रही थी, तभी दरवाजे के पास अपनी कार में बैठा एक परिचित सा चेहरा दिखा था। मैं टेम्पो पर थी...मुझे देखते ही वह परिचित चेहरा कार से तुरंत बाहर निकलकर मेरी ओर बढ़ा...। वह चेहरा यही विमल था। विमल मेरी, एम्बेसी के दरवाज़े पर, इंतज़ार कर रहा था। मुझे देखते ही उसने स्कूटर वाले को रोका। मेरी ओर बढ़कर नमस्कार किया। और पूछा कैसी हैं। यह सब उस क्षण जो हो रहा था इतना आकस्मिक था कि मुझे समझ में ही नहीं आ रहा था कि स्थिति को कैसे फेस करूँ लेकिन स्थिति को सहज बनाने की चेष्टा कर, मैंने भी उसी तरह उसके नमस्कार का जवाब दिया। कहा अच्छी हूँ। पूछा आप कैसे हैं। उसने जवाब दिया, ठीक हूँ। पर इसके बाद यकायक उसका चेहरा बहुत गंभीर हो गया। उसने पूछा, आपने मेरी चिट्ठी का जवाब नहीं दिया था। अब मुझे स्थिति सहज से ज्यादा कुछ उलझी लगने लगी। मुझे स्थिति गंभीर लगी। उसको सुलझाना भी बहुत आवश्यक लगा। मैंने कहा विमल जी, यह आप क्या पूछ रहे हैं। मैं शादी-शुदा हूँ। आपने जब पत्र लिखा था तो आपको ठीक मालूम था कि कुछ ही महीनों में मेरी शादी होने वाली है। और अब जब मैं इंग्लैंड अपने पति के पास जाने को हूँ तो आप यहाँ अचानक आकर मुझे रोककर यह सब पूछ रहे हैं कि मैंने आपकी चिट्ठी का जवाब क्यों नहीं दिया। आखिर यह सब हो क्या रहा है। आप मुझसे चाहते क्या हैं। यह कहते वक्त ज़ाहिर था कि मैं कुछ न चाहकर भी उत्तेजित हो उठी थी। विमल ने अपने को कुछ पिटा हुआ सा महसूस किया। लेकिन हिम्मत कर के फिर बोला। जब तक आप यहाँ हैं, मैं आपसे मिलते रहना चाहूँगा। इस पर मुझे कुछ गुस्सा आ गया कुछ तेजी से कहने ही जा रही थी कि अपने को सँभाल लिया...और बोली, मेरी परीक्षाएँ सिर पर हैं। मुझे इस परीक्षा में बहुत अच्छी तरह सफल होना है। कृपया इन बातों का ध्यान रखिए। प्लीज! मेरे

इस प्लीज शब्द से उसपर कुछ असर पड़ा। वह पिटा हुआ, नमस्ते करके अपनी 'कार' की तरफ़ जाने लगा। पर फिर मुड़ा और बोला, मेरी कहानी अभी खत्म नहीं हुई है। और यह कहकर वह तेजी से अपनी कार की तरफ चला गया। मैं अजीब सोच में पड़ गई। तभी मेरे टैम्पो के ड्राइवर ने माहौल के तनाव को बिल्कुल कम कर दिया यह कहकर कि बीबी जी अभी भी दुनिया में रोमांस ख़त्म नहीं हुआ है। हिंदुस्तान ऐसे दिल फेंकों और ऐसे रंगरूटों से भरा पड़ा है। आप ज्यादा ध्यान नहीं दीजिए। इम्तहान पास कीजिए। इंग्लैंड जाइए। वहाँ जो भी जाता है, अपने को बनाता है। मेरे दो रिश्तेदार वहाँ हैं।...उस अधेड़, सरदार जी की, उस वक्त की एक-एक बात, मुझे बड़ी तसल्ली देने वाली लगी थी—ख़ैर बात वहाँ खत्म हो गई। मैंने अपना पासपोर्ट लिया। फिर कुछ हफ्तों बाद परीक्षाएँ हुईं। और 'रेज़ेल्ट' के एक दिन पहले ही मैं इंग्लैंड के लिए रवाना हो गई। पति को देखकर उनसे मिलकर जो खुशी हुई, वह शब्दों में नहीं कह सकती। मेरे पति मुझे कितना प्यार करते हैं, यह सब मेलिसा को बताने की जरूरत नहीं। वह कोई 'असाधारण' चीज़ नहीं है।

[वह फिर सोफ़े से उठती है। संगीत को ऊँचा करती है, और ख़ाली गिलास को संतरे के रस से भरती है। कुछ टहलती है, और खड़ी खड़ी कहने लगती है]

...हम भारतीयों को नेहरू परिवार के बारे में बहुत कुछ बताया जाता है। उस परिवार के संबंध में कितनी ही बातें बढ़ा-चढ़ाकर भी बताई जाती हैं। कभी-कभी पता नहीं चलता इन कहानियों में कितनी सच्चाई है। ख़ैर! मुझे उस परिवार के बारे में जो एक दिलचस्प कहानी बताई गई थी वह यों थी। जब इन्दिरा गाँधी, इंग्लैंड में पढ़ने आई थीं तो फ़िरोज़ गाँधी, उनके प्यार में इस क़दर पागल थे, कि वो जहाँ भी रहतीं, वह अमीर पारसी नौजवान, उनके मकान के पास ही मकान लेता, और रहता था। और यह असंभव नहीं लगता। इन्दिरा जी की खूबसूरती और वैभव के आगे ऐसा होना स्वाभाविक हो सकता है। लेकिन मैंने

जिसमें इन्दिरा जी की गरिमा का शायद एक अंश भी नहीं है, अपने को इस स्थिति में पाया, तो आश्चर्य की सीमा नहीं रही। हुआ यह कि एक दिन मैं स्कूल से पढ़ाकर लौट रही थी, और 'बस' से उतरकर रास्ता पार करने वाली थी कि पीछे से किसी ने आवाज़ दी, लता जी नमस्ते। मैंने झट से पीछे मुड़कर देखा ...सामने विमल खड़ा था। हँसता हुआ, दोनों हाथों को जोड़कर नमस्ते करते हुए। मैं तो एक अजीब अचम्भे में पड़ गई। पहले तो मेरी अपनी आँखों पर विश्वास ही नहीं हुआ। मैंने नमस्ते का जवाब दिया हाथ जोड़कर लेकिन मुँह से एक शब्द भी नहीं निकल पाया। क्षण भर की उस लम्बी तनाव भरी शांति को विमल ने ही तोड़ा, और हँसते हुए बोला : मैंने आपसे कहा था न कि मेरी कहानी ख़त्म नहीं हुई है। यह सुनते ही मेरे पैरों के नीचे ज़मीन जैसे हिलने लगी। मेरी रग-रग में खून तेज़ी से दौड़ने लगा। मन ही मन सोचा कि इस आदमी को गाली देकर दुत्कार कर कहूँ, छोड़ मेरा पीछा बदमाश—लेकिन इसके पहले कि शब्द बाहर आएँ आएँ... उसने मुस्कुराकर कहा, नाराज़ न होइए...मैं आपकी स्थिति समझता हूँ। मैं आपको 'हम्बैरेस' नहीं करना चाहता...यह मेरी एकतरफ़ा कहानी है, लता जी। इसमें आपकी कोई ग़लती नहीं...तो आप नाराज़ नहीं होइए। मैं तो आपसे सिर्फ 'मित्रता' का हाथ माँगना चाहता हूँ। आपसे नहीं, आपके पति से भी। मुझे आपसे कुछ और नहीं चाहिए... मैं आपकी स्थिति समझता हूँ। मैं एक शरीफ़ आदमी हूँ। मुझे किसी को कष्ट देना नहीं आता। मैं आपसे सचमुच कुछ नहीं चाहता। हाँ, आपका नशा तो आजतक मुझ पर से उतरा नहीं। लेकिन मैं ऐसा नशीला आदमी नहीं हूँ जो अपनी हद को नहीं जानता। फिर भी आपका किसी तरह का होना मेरे जीवन में बहुत मानी रखता है। इसीलिए एक मित्र भाव की याचना कर रहा हूँ। मैं आप दोनों का मित्र होना चाहता हूँ...मैंने पास ही एक फ्लैट ले रखा है। मैं चाहूँगा कि आप दोनों मित्र के रूप में मेरे यहाँ आएँ...। विमल की बातों से, मुझे उसे देखकर, उसकी आँखों में संतोष की झलक पाकर एक अजीब राहत...एक

अजीब सौहार्द, एक अजीब मित्रता का अनुभव हुआ। मेरा गुस्सा बिल्कुल उतर गया था। मेरी आदत है कि मैं नई स्थितियों का सामना करने से घबराकर पागल नहीं हो जाती। मुझे उस क्षण लग रहा था कि एक नई स्थिति पैदा हो गई है। इसे एक रूप देना होगा। मुझे विमल की बातों पर विश्वास हो गया। मैंने झट से कहा, नहीं, मेरा घर पास ही है। आज मेरे पति भी घर पर हैं, आप आइए और मेरे साथ खाना खाइए। चलिए हम वहीं बातें करें। इसपर विमल ने कहा था, ज़रूर चलूँगा, चलिए। आपके पति से मिलूँगा। बातें भी करूँगा। लेकिन खाना, हम सब साथ चलकर कहीं बाहर खाएँगे। आपके पेट में बच्चा जो है। आप काम करके अभी आई हैं। थकी होंगी खाना नहीं बनाइए। यह सब सुनकर मुझे एक अजीब मीठे आश्चर्य का अनुभव हुआ। मैं हँसकर बोली–तो आपको मेरे बारे में सब पता है...। उसने जवाब दिया, सब नहीं। सब जानना भी नहीं चाहता। इसके बाद हम दोनों मेरे घर आए। मैंने विमल का परिचय अपने पति से कराया। मेरे पति को विमल बहुत पसन्द आया, अच्छा लगा और उसके बाद फिर हम तीनों बड़े अच्छे मित्र हो गए। ये बातें मेलिसा को बतानी जरूरी होंगी। क्योंकि इससे शायद उसे कुछ आभास मिल पाए *(हँसकर)* कि औसत भारतीय लड़की क्या होती है। कैसी होती है। *(फिर कुछ सोचकर)* हाँ! तो अपनी कहानी कहने के पहले मैं औसत भारतीय लड़की की बात फिर उठाना चाहूँगी। तभी शायद मेलिसा के अन्य सवालों का जवाब देना मेरे लिए कुछ सरल हो पाए!

...तो औसत भारतीय स्त्री क्या है? क्या होती है? क्या वह वह है जो बम्बई, दिल्ली, लंदन, लेस्टर, नैरोबी या वैनकूवर में रहने वाली, तथाकथित आधुनिक औरत है, जो पश्चिमी जीवन से प्रभावित है। या छः सौ हजार से ज्यादा गाँवों में रहने वाली, जो जैसा है उसे स्वीकारने वाली, पुरुषों के निरंतर इशारों पर नाचने वाली, और पुरुषों से कहीं ज्यादा काम करने वाली प्राणी है? जिसके बारे में सही कहा जाता है कि वह बचपन में पिता के

कमांड में रहती है। बड़ी होने पर पति के, और उसके बाद बेटे के। और जिसके बाद में यह भी कहा जाता है कि यद्यपि वह अपने कानूनी अधिकारों के प्रति उदासीन है, फिर भी घर में बिना किसी कानून के सहारे अपने घर पर राज करती है। एक ओर पुरुष के पैरों के नीचे की धूल की तरह होती है तो दूसरी तरफ़ देवी की तरह अपने घर में पूजी जाती है। क्योंकि उसे परंपरा का रक्षक, धर्म-जाति-प्रथा का पोषक माना जाता है। क्या लेस्टर के 'सबर्व' में उस अमीर, लगभग सत्तर वर्ष की दुबली-पतली छोटी-सी श्रीमती पटेल को औसत भारतीय स्त्री कहा जा सकता है जिसने विदेशों में रहकर जीवन के तमाम उतारों और चढ़ावों को देखा है। जो चालीस वर्षों से ज्यादा विदेशों में रही है, लेकिन अपना भारतीय खाना खाया है, अपने घर के मंदिर में पूजा की है, साड़ी के अलावा कुछ नहीं पहना, और थोड़ी सी अंग्रेजी या हिंदी के अलावा सिर्फ गुजराती भाषा में ही अपने को व्यक्त करती रही है। साढ़े पंद्रह साल की उम्र में, जिसकी एक मध्यवित्त परिवार में शादी हुई। कुछ ही साल बाद उसने पहली बार अपने सौराष्ट्र के इलाके से बाहर कदम रखा और यूगांडा के क्वालालांपुर पहुँची। अपने संघर्ष करते पति के व्यवसाय में पर्दे के पीछे काम कर सहारा दिया। रात में उसके जीवन को आराम और आधार देने के लिए, जीवन-तकिया का काम किया। पति के बच्चों को बढ़ते-पनपते-अमीर होते कई मकान और ज़मीन और कारें खरीदता देखा। फिर एक दिन सब का हरण होते भी देखा। यूगांडा से पूरे परिवार के साथ निष्कासित होने पर भी हिम्मत नहीं हारी और अपने अमीर परिवार का सब खोकर इंग्लैंड में अपने परिवार के साथ एक शरणार्थी बनकर आई। फिर धीरे-धीरे वहाँ यूगांडा की ही तरह पति को, बेटों को सहारा दिया नई तरह से नई जमीन में बसने जमने के लिए। पनपने के लिए। और फिर अमीर होने के लिए। इस चालीस-पैंतालीस वर्ष की संघर्षमय यात्रा में वह बुनियादी रूप से कहीं बदली नहीं। सारे दुख-सुख-आँसू-गाने से हटकर वह अपने भीतर का फौलाद बनाए रही। उसने उस लोहे

को टूटने नहीं दिया, जो उसे उसकी माँ से सौराष्ट्र के एक छोटे से गाँव के एक गरीब परिवार में मिला था। जो उसका आधार है, और जिस आधार को वह हमेशा अपने परिवार के अंदर स्थापित करने की बराबर सफल कोशिश करती रही है। इस दिशा में मुझे मेलिसा से इतना ही कहना है कि औसत भारतीय स्त्री को समझने के लिए यह जरूरी है कि उसके हज़ारों साल की परंपरा के फौलाद को समझना जरूरी है। वह एक ऐसा फौलाद है जिसे बंबई, दिल्ली, लन्दन, लेस्टर, नैरोबी की बदलती भारतीय लड़कियाँ—एशियाई लड़कियाँ भी नहीं तोड़ना चाहतीं—सिर्फ माँजना चाहती हैं।

हाँ, 'अरेंज-मैरेज', भारतीयता और नारी जीवन, भारतीय पारिवारिक जीवन का एक ऐसा पहलू है जो भारतीय स्त्री को संसार की अन्य स्त्रियों से, विशेषकर पश्चिमी महिलाओं से अलग करती है। दूसरे शब्दों में, मुझे लगता है कि औसत भारतीय नारी वह है—जिसके जीवन की सबसे महत्त्वपूर्ण घटना, उसकी शादी, उसने नहीं—दूसरों द्वारा उसके लिए तय की जाती है। अपना जीवन साथी वह नहीं, उसके लिए कोई और निश्चित करता है। इस कसौटी पर, मेलिसा को मुझे भी औसत भारतीय औरत मानना चाहिए। क्योंकि मेरे पति को मैंने नहीं, मेरे पिता ने ढूँढ़ा और मुझे शादी कर, सौंपा। मेरे लिए यह कोई अलग बात नहीं थी। लगती ही नहीं क्योंकि मेरे गाँव में हर स्त्री की शादी उसके बड़े-बूढ़ों ने ही तय की थी।

यह 'अरेंज-मैरेज' का सवाल, जब से मैं इंग्लैंड आई हूँ, मुझसे प्रायः विशेषकर अंग्रेज स्त्रियों द्वारा पूछा जाता रहा है। मेरे स्कूल की बड़ी लड़कियाँ भी मुझसे यह प्रश्न करती हैं। मुझे एक पार्टी की बात कभी नहीं भूली है। एक कोई पचीस साल की अंग्रेज लड़की ने मुझसे सीधा सवाल किया था कि 'अरेंज-मैरेज' के बारे में आपका क्या ख़याल है। मैं पार्टी में आनंद उठाने आई थी कोई बौद्धिक विचार-विमर्श के लिए नहीं। मैंने अनमने मन से उत्तर दिया, मुझे पसंद है। उस लड़की ने झट से कहा, यह सुनकर मुझे अच्छा लग रहा है। जब मैं यह सवाल यहाँ

एशियाई लड़कियों से पूछती हूँ तो वे प्रायः 'गिल्टी-फील' करती हैं। कभी-कभी तो साफ़ कह देती हैं यह बुरी प्रथा है। मुझे तो यह बुरी नहीं लगती। हम पश्चिमी लड़कियाँ जब 'डेटिंग' करती हैं तो उनके मस्तिष्क में जो मुख्य बात रहती है, वह एक पति को चुनने की। कुछ 'लकी' होती हैं लेकिन कुछ नहीं। मैं 'लकी' नहीं हूँ। जो लकी नहीं होतीं उन्हें उस एक पति की तलाश में कभी-कभी कितने पुरुषों से गुजरना पड़ता है। एशियाई लड़कियों के माता-पिता उन्हें अपनी बेटियों को इन सारी उलझनों से बचा लेते हैं। वे अपनी बेटियों के लिए अच्छा ही खोजते है। जो करते हैं, उनके भले के ही लिए करते हैं। इसपर मैंने कहा था कि हाँ ज्यादातर यही होता है। लेकिन इसके कितने बुरे पक्ष भी हैं। तब मैंने उस अंग्रेज लड़की को अपने गाँव के एक परिवार की कहानी सुनाई थी। मेलिसा को भी इसे जानना चाहिए।

[क्षणिक अंतराल संगीत ध्वनि]

हमारे घर से कुछ ही दूर पर एक अन्य परिवार रहता था। परिवार गरीब था। उस ऊँची जाति के परिवार में तीन बेटियाँ थीं। तीनों शादी की उम्र पर पहुँच चुकी थीं। पिता कमर तोड़ मेहनत करके पैसे जोड़ रहा था, बड़ी बेटी की शादी के लिए। लेकिन उसकी जाति में कोई ठीक वर नहीं मिल रहा था। पर अचानक एक लड़का ऐसा मिला जो उसकी लड़की से बिना तिलक विलक किए शादी करने को तैयार हो गया था। लेकिन वह लड़का लंगड़ा था। जब लड़की ने यह सुना कि वह पुरुष लंगड़ा है तो उसने शादी करने से इनकार कर दिया। पिता ने पहले तो उसे बहुत मनाने की कोशिश की। कहा ऑपरेशन दवा-दारू के बाद नया पैर लगवाया जाए। फिर उसका लंगड़ा होना उस पुरुष के काम में किसी प्रकार बाधा नहीं पैदा करता। वह एक परचून की दूकान का मालिक है। अच्छा पैसा कमाता है। खुशदिल है। अपना मकान है। उसके साथ शादी कर बेटी ज़रूर सुखी रहेगी। पर लड़की को बाप की बात पसन्द नहीं आई। उसने शादी करने से बार-बार इनकार कर दिया। पिता

यों ही टूट रहा था। एक दिन उसे क्रोध आ गया। वह बेटी के पास एक हथौड़ी लेकर गया और बोला अगर तुझे उस पुरुष से शादी करना इसलिए पसंद नहीं है कि वह लंगड़ा है, तो आज मैं तेरा भी एक पैर इस हथौड़ी से तोड़ दूँगा, और जब तू लंगड़ी हो जाएगी तब उससे शादी करने से इनकार नहीं करेगी। लड़की यह सब सुनकर पागल होकर चिल्लाने लगी। परिवार और पड़ोस के लोग आ गए। गुस्से से पागल बाप को रोका। और लड़की को समझाया। थोड़ी देर बाद लड़की ख़ामोश हो गई। कुछ महीनों बाद उस लड़की की शादी उस लंगड़े के साथ हो गई। शादी के बाद उसके दिन बड़ी अच्छी तरह कटने लगे। उसका लंगड़ा पति उसे देवी की तरह मानता था। जबसे वह आई, धन बढ़ा, परिवार बढ़ा। लेकिन वह लड़की कभी अपने पिता के घर नहीं लौटी। न ही उसने कभी अपने पिता का मुँह देखा। पिता ने कितनी माफ़ियाँ माँगीं। कितनी चिट्ठियाँ लिखीं। मरते दम तक चिल्लाता रोता गिड़गिड़ाता रहा कि एक बार बड़ी बेटी को बुला दो, उससे माफ़ी माँग लूँ, उससे अपने दर्द कह दूँ, लेकिन बड़ी बेटी कभी नहीं लौटी। वह मर गया, तो उसके श्राद्ध तक में नहीं आई।

जब उस अंग्रेज लड़की ने यह सब सुना तो एक अजीब पीड़ा में पड़ गई। बात बदलते हुए उसने कहा, लेकिन लगता है, वह लड़की उस लंगड़े के साथ सुखी थी। मैंने कहा, हाँ। यह सबको मालूम हो गया। वे दोनों बड़ी खुशी की जिंदगी बिताने लगे। तो उन दोनों में प्यार भी होगा। मैंने कहाँ, हाँ। हम भारतीय स्त्रियाँ शादी के बाद अपने पति के प्यार में पड़ती हैं। और एक बार उस प्यार में पड़ने के बाद और किसी के प्यार में पड़ना सचमुच बड़ा कठिन हो जाता है। खुद मैं अपने अनुभव से जानती हूँ।

[लड़की उठती है। टेपरिकार्डर का संगीत फिर ऊँचा कर देती है। संतरे का रस गिलास में ढालती है। कुछ देर संगीत खड़ी होकर सुनती रहती है। फिर संगीत को धीमा करती है। और सोफ़े पर आ बैठती है।]

मेलिसा का दूसरा सवाल, भारतीय स्त्री के बारे में मुझे उतना ही

कठिन लगता है। उसके जीवन में सेक्स-काम-वासना इन सारी चीज़ों का क्या स्थान होता है। मेरा स्वयं का अनुभव क्या है। मैंने इस विषय पर क्या सोचा है। मेलिसा ने यह सवाल एक बार अमरीका जाने के पहले भी बात बात में उठाया था। उसने काम कला की एक पुस्तक की एक तस्वीर को मुझे दिखा कर पूछा था : कि इस भोग-मुद्रा के बारे में मेरी क्या राय है। यह तस्वीर एक मंदिर से ली गई थी। मेलिसा ने कहा था। भारतीय लोग बड़े धार्मिक होते हैं। शुरू से ही मंदिरों में जाते हैं। अपने परिवार और बच्चों को साथ ले जाते हैं। क्या ऐसी भोग-मुद्राओं वाली मूर्तियों को देखकर, बच्चे माता-पिता से इनके बारे में पूछते हैं। कि यह क्या है! यहाँ क्या हो रहा है! क्या माता-पिता इस सबके बारे में बताते हैं? या टाल देते हैं। तब मैंने मेलिसा से यही कहा था, मुझे लगता है, ज्यादातर टाल देते हैं। जैसे पश्चिम में माता-पिता करते हैं। उस दिन, बात, मेरे इतना कहने के बाद ही ख़त्म हो गई थी। पर आज मेलिसा ने मेरे अनुभव के बारे में पूछा है। तो मैं आवश्यक समझती हूँ कि इस संबंध में मैं अपनी पहली घटना को उसे बताऊँ।

हमारे गाँव से कई मील दूर पर एक छोटा-सा शहर था। वहाँ हर साल एक सर्कस होता था। वह हमारे गाँव के ही लिए या कस्बे के लिए ही नहीं, बल्कि पूरे जिले के लिए साल की एक महत्त्वपूर्ण घटना होता था। हम सब बच्चों को बराबर उसका इंतजार रहता था। मेरे पिता हम सबको, हर साल वहाँ सर्कस दिखाने ले जाते थे। एक वर्ष हम सर्कस देखकर लौट रहे थे तो हमने देखा एक बड़ी सी घोड़ी एक छोटे से घोड़े को जन्म दे रही थी। मैंने गाय-भैंस के पेट के पीछे से उसका बच्चा निकलते देखा था अतः मुझे कोई अचरज नहीं हुआ पर उस घोड़ी के दायरे से जो झोली में बँधा सा शिशु घोड़े को निकलता देखकर मुझे कुछ अजीब सा लगा। मुझे उसकी अथाह पीड़ा का एहसास होने लगा। और मैं पिता जी को रोककर बोली, बाबू जी, वह देखिए...अरे यह घोड़ी कहीं मर न जाए...अरे इसे बड़ा दर्द हो रहा होगा। मुझे याद है मेरी बातों को सुनकर पिता कुछ

अचकचा से गए जैसे उन्हें पता नहीं था कि क्या उत्तर दें। पर कुछ तो कहना था ही। बोले—नन्ही बेटा, यह सब ईश्वर की देन है। इसमें दर्द काहे का। यह सब ईश्वर की लीला है। यह सब सृष्टि का सर्कस है। दर्द कहाँ नहीं होता। सर्कस में जो शेर गुर्रा रहा था, और जिसे चाबुक से वह आदमी डरा रहा था...तो क्या उसे अपने बन्दी होने का दर्द नहीं हो रहा था—दर्द हर ऐसे काम में होता है जहाँ सृष्टि निर्माण करती है और वहाँ भी जहाँ जीव पराजित महसूस करता है। फिर, मुझे याद है कि वह कुछ झल्ला से भी गए थे। जैसे वह झल्लाहट अपने को सही उत्तर न देने की थी। उन्हें लग रहा था कि वो मुझसे जो कहना चाह रहे थे, नहीं कह पा रहे थे। अतः उन्होंने कुछ क्षण बाद कुछ झल्लाहट और कुछ प्यार से कहा था, बेटी जब तुम बड़ी हो जाओगी तो ये सारे सर्कस तुम्हें समझ में आने लगेंगे। तभी से, काम इच्छा से लेकर जन्म और इस तरह की तमाम बातें मुझे सचमुच एक सर्कस की तरह लगने लगी हैं। जैसे, जो कुछ भी इस सृष्टि में होता है, वह एक सर्कस की तरह होता है। कोई खड़ा होकर चाबुक चटकारता है, और उसके इशारे पर हम अपना-अपना कौशल दिखाते हैं।

लगता है यही भावना मेरे मन में उस वक्त भी थी, जब हमारे पिताजी एक बार छुट्टियों में हमें उड़ीसा का कोणार्क मन्दिर दिखाने ले गए थे। मैंने वहाँ जितनी भी भोग-मुद्रा संबंधी मूर्तियाँ देखी थीं, वह मुझे एक सर्कस की ही तरह लगी थीं। ऐसा सर्कस जहाँ कला थी, शक्ति थी, वेग था, संतुलन था, चाबुक था समर्पण था, कौतूहल था, आनन्द था—क्या नहीं था कम से कम मैंने तो अपने भीतर उसे ऐसे ही पढ़ा था। जब मैं दिल्ली में कालेज में पढ़ती थी, तो निकट की सहेलियों से मैंने 'सर्कस' शब्द का अपना यह विशेष भावार्थ—यह अपना अलग इन्टरपटेशन बताया था। तब से उनके लिए यह शब्द मजाक वाला हो गया था। जब वे किसी गर्भवती महिला को देखतीं तो मुस्काकर कहती थीं...कुछ दिनों में इसका सर्कस पूरा हो जाएगा। *(हँसकर)* हम लोग कालेज के दिनों में कितने ऐसे व्यक्तिगत

मज़ाक वाले शब्दों की रचना करते हैं, कि ज्यादा लोग नहीं समझ पाएँ, अपने दायरे में ही इसका आनंद लिया जा सके। मुझे याद है जब मैंने अपने पति को यह सर्कस शब्द का अपना विशेष अर्थ बताया था, तो वह उन्हें कितना निरर्थक-सा लगा था। फिर जब मैंने अपने गर्भवती होने का समाचार अपने पेट की ओर संकेत कर यों दिया था कि यहाँ सर्कस पूरा हो गया है तो वह पहले कुछ मीठे नाराज़ हुए थे फिर मुझे अपनी दोनों भुजाओं में भरकर कितना चूमा...कितना सहलाया, कितना सहेजा था। ऐसे निकटतम कोमलतम क्षणों में पुरुष जो देता है, वह कितना मूल्यवान होता है। क्योंकि उसे लगता है कि उसकी नारी उसे जो दे रही है वह उसके लिए कितनी निधि है।

सेक्स के प्रति किस उठते बच्चे की उत्सुकता नहीं होती। भारतीय बच्चे अपवाद नहीं। मुझे याद है जब हम छोटे थे, तो गाँवों में क्या क्या, छिपछिप कर नहीं देखते थे। ईख की खेती में, गाय की कोठरी में हमने अपने को छिपा-छिपा कर क्या नहीं देखा था। अब समझ पाती हूँ कि गाँव के लोग सीधे-सादे ऊपर से तो लगते हैं, पर उनके जीवन में भी शहर के लोगों से कम चोरी-छिपे की जिंदगी नहीं होती। सब एक पतिव्रता या पत्नीव्रता नहीं होते *(सोचकर)* उत्सुकता कौतूहल की बात सोचते-सोचते मुझे एक घटना याद आ गई। शायद मेलिसा को रोचक लगे। हम एक शादी में शहर गए थे। हमारे रिश्तेदार की शादी थी। वहाँ और भी रिश्तेदार आए थे। छोटे से घर में काफी लोग थे। गर्मियों के दिन थे। हम सब बच्चे छत के एक कोने में सो रहे थे। उस शादी में एक मेरी ही उम्र का, नौ साल का बड़ा सुन्दर लड़का भी आया था। हमने दिन में एक दूसरे को देखा था। पर बातें नहीं हो पाई थीं। पर हम जिस माहौल में रहते थे वहाँ आँखों से ही ज्यादा बातें की जाती हैं। तो दिन में मेरी उस लड़के से आँखों में ही बातें हुई थीं। फिर रात में वह छत के उसी कोने पर मुझसे कुछ दूरी पर सोया था। गर्मी की वजह से सभी थककर सोए थे। मैं सिर्फ आधी सोई थी। नींद में थी और नींद में नहीं भी थी। तभी मुझे लगा कि वह लड़का धीरे

से रेंगता हुआ आया और मेरे बगल में सो गया। जब वह वहाँ आया था तो मुझे लगा था कि यहाँ वह इसलिए आकर शायद सो गया है कि उसे कुछ ज्यादा जगह मिल रही है। पर कुछ देर बाद मैंने महसूस किया कि मुझे सोता हुआ समझकर वह अंगुलियों से मुझे छूने लगा है। मैंने पहले तो जानबूझकर कुछ अनजाना सा कर दिया। पर उसने धीरे-धीरे हाथ मेरे पेट को छूकर पेट के नीचे रख दिया, और अंगुलियों से मुझे महसूस करने लगा। सहसा मेरी आधी नींद जैसे खुल गई। मुझे कुछ अच्छा, कुछ बुरा, कुछ लजा देने वाला, कुछ डरा देने वाला, कुछ गन्दा कर देने वाला लगा...पर इसके पहले कि मैं ज्यादा कुछ सोचूँ, मेरे हाथ सहज ही हट 'रिफ्लेक्स ऐक्शन' में उठे...और उसके हाथों को झटक कर पेट के नीचे से झटके से हटा दिया। वह लड़का बुरी तरह पिटा हुआ वहाँ से क्षणभर में उठा, और अपनी जगह जाकर सो गया। शायद बहुत डर गया था। उसे डर था कि कहीं मैं चिल्लाकर सबको जगा न दूँ। पर पता नहीं मैंने ऐसा क्यों नहीं किया। वह दो दिन और रहा। लेकिन मुझसे इतना डरता और लजाता रहा कि मेरे सामने कभी आया नहीं। मैं उससे बातें करना चाहती थी। क्या कहना चाहती थी यह नहीं मालूम था। पर, उसने मौका नहीं दिया। मैंने तब यही सोचकर संतोष कर लिया था, कि वह शायद जानना चाहता था कि लड़की की देह लड़के से कैसी भिन्न होती है...लेकिन...वह लड़का जो दूर से मेरा मौसेरा भाई लगता था मुझे कभी नहीं भूला।...मेलिसा को सेक्स-प्यार आदि से संबंधित और ज्यादा कुछ नहीं बता पाऊँगी। *(हँसकर)* औसत भारतीय लड़की जो हूँ। हाँ, अपने संबंध में सुंदर शब्द मुझे सेक्स का प्रतीक लगता है जब मुझसे कोई यह कहता है कि मैं सुंदर हूँ तो मेरे लिए अजीब स्थिति पैदा कर देता है। मुझे मालूम है, मैं सुंदर हूँ। पर जब मुझे कोई पुरुष सुंदर कहता है तो जैसे वह मुझे निरीह बना रहा है। वह मुझे अपने कब्जे में करना चाह रहा है। कुछ ऐलान कर मुझे जीतना चाहता है। इसी से मैं पुरुषों से शादी के पहले डरती रही हूँ। मेरे पति ने ऐसा कुछ कभी नहीं कहा। उनका

अपना तरीक़ा था। वह मुझे सीधे 'सुंदर' संबोधित न करके इतना ही कहते थे, मेरी बड़ी इच्छा है कि अगली बार तुम अपनी ही तरह एक खूबसूरत बेटी को जन्म दो। ख़ैर वैसा नहीं हुआ। कम से कम उनके जीवन में यह नहीं हुआ। आखरी दिनों में उनकी बातों से आभास मिलता था कि उनके भीतर कहीं इसका कोई घाव बना रह गया है। उस समय उनकी बातों से उनकी इस कमी का घाव कहीं मुझमें भी हो गया था...उनकी उस बात का घाव आजतक मेरे लिए पुरा नहीं है।

[वह गिलास से ढालकर रस पीती है]

लोग कहते हैं, वक्त घाव को पूरता है। मुझे यह बात, पूरी सच नहीं लगती। मनुष्य का जीवन घावों का 'पिजन होल' होता है : घाव कबूतरों की तरह अपने ख़ानों में बैठे फड़फड़ाते रहते हैं। हाँ, कुछ होते हैं जो उड़ जाते हैं। पर कबूतरों की देहों की गन्ध होती है। वह उसके छोड़े हुए ख़ानों में बनी रहती है। रिक्त हुए ख़ानों में दूसरे कबूतर भी आ बैठते हैं। फिर कुछ देर बाद वो भी उड़ जाते हैं। पहली गंध पर नए गंध की पर्त चढ़ जाती है। दूसरी पर्त अपने नीचे पहली को सुरक्षित कर देती है। धीरे-धीरे पर्तें इतनी हो जाती हैं कि, वक्त, तहों तक पहुँच ही नहीं पाता। अतः घाव की वह पर्त छिप तो जाती है, पर मिटती नहीं। इसीलिए मैं सोचती हूँ कि गहरे घावों को समय कभी नहीं पूर पाता।...मुझे मालूम है कि मेलिसा मेरी इन बातों को समझेगी। क्योंकि मेलिसा के घावों को भी उसके पत्र से पता चलता है वक्त नहीं पूर पा रहा है। मुझे इसका भी दुख है। मेलिसा का मेरे जीवन में एक अजीब सा विशिष्ट, रसमय स्थान है। सच तो यह है कि मेलिसा और मैं एक-दूसरे के प्रति कभी बहुत आकर्षित थे और पहली भेंट के बाद से आसक्त। और यह आकर्षण, उसी दिन से, जिसदिन 'स्वीमिंग' करने के बाद हम 'शॉवर' लेते हुए स्नान कर रहे थे और जब हमने एक-दूसरे के पूरे खुले भरे और सुंदर शरीरों को पहली बार देखा था और आकर्षण तीव्र हो गया था। ख़ैर, हम दोनों ने संबंध को आगे नहीं बढ़ने दिया। लेकिन एक-दूसरे के प्रति की कामुकता को,

हम दोनों जानते थे, बड़ी कठिनाई से वश में करना पड़ता था। हम मिलते या विदा देते वक्त जो एक-दूसरे से कन्धे मिलते या गाल चूमते तो महसूस होता था दोनों तरफ़ से कुछ रोकने की कोशिश की जा रही है। हमने एक-दूसरे से शारीरिक संबंध स्थापित नहीं किया यह अच्छा हुआ। जिंदगी में एक और घाव बनने से रह गया। और हम दोनों की दोस्ती में कोई ऐसा पक्ष नहीं पनपा जिसकी हमें शर्म या दुख हो। कहीं कुछ पूरा न होने का अनुभव तो जिंदगी के हर कदम पर महसूस होता ही है। इसीलिए मेलिसा से अपने जीवन की किसी भी बात को मैं छिपाना नहीं चाहती। उसके लिए कुछ भी कर सकती हूँ। मेरे पति को भी मेलिसा बहुत पसंद थी। उन दोनों की एक बड़ी अच्छी तस्वीर मेरे पास है। यह तस्वीर मैंने ही खींची थी। हम तीनों लंदन के दक्षिण के किसी छोटे स्थान पर 'घोड़ों की शो जंपिंग' देखने गए थे। वहाँ एक बड़ा अच्छा दिन हम तीनों ने साथ-साथ बिताया था। मुझे वह 'शो' भी एक सर्कस की तरह लगा था। ...और खाली घोड़ों का कूदना ही मुझे सर्कस लग रहा था। बल्कि मेरे पति का मेलिसा की आँखों में प्यार भरी दृष्टि डालकर देखना, उससे हँस-हँस कर बातें करना भी 'सर्कस' सा लग रहा था। लेकिन मुझे यह सब देखकर अच्छा भी महसूस हो रहा था। कोई जलन ईर्ष्या नहीं हो रही थी। जिन दो व्यक्तियों को मैं प्यार करती हूँ, वे भी अगर एक-दूसरे को प्यार की दृष्टि से देखें, खुश हों, संतुष्ट हों, इसमें जलन या दुख काहे का? यह सब भी दुनिया के विशाल मंच पर जीवों के द्वारा दिखाया जाता हुआ कौशल है, सर्कस है कला प्रदर्शन... लेकिन इसके पहले कि मेलिसा के अंतिम प्रश्नों का उत्तर दूँ, जी हो रहा है कि मेलिसा और अपने मृत पति की साथ-साथ वाली तस्वीर एक बार देख लूँ...

[वह उठती है, और दरवाजे के बाहर जाती है। मंच पर कुछ समय तक अंतराल का संगीत ही सुनाई देता है। यह वक्त अंतराल के लिए भी उपयोग किया जा सकता है। मंच पर अँधेरा करने या रोशनी बदलने की आवश्यकता नहीं लगती।

सिर्फ संगीत की गूँज वातावरण को स्पष्ट कर सकती है। संगीत :]

जीवन एक मेला है। दुनिया है एक सर्कस।
समय सूत्रधार, लिए बिगुल, डोर, धनु तर्कस।
दिखा रहे हैं कौशल
हाथी, घोड़े, जोकर
इनमें जन देख रहे
अपने प्रतिरूप ठहर
हाथी ज्यों गरिमा हो, अश्व–प्रगति, जोकर–रस।
जनम मरण के खंभे
बँधी श्वास की रस्सी
नाच रहे हैं सपने उन पर
ज्यों आभा, श्री
तम्बू है नियति, तनी सबकी वल्गाएँ कस
जीवन एक मेला है। दुनिया है एक सर्कस।

[संगीत धीरे-धीरे रुकता है। लड़की फिर मंच पर प्रवेश करती है। लड़की ने साड़ी बदल ली है। बिल्कुल सादी सफेद साड़ी पहने है। हाथ में तस्वीर लिए है। देखती है। उसे सोफ़े पर रख कर, कुछ उदास हँसी हँसकर, वह भी सोफ़े पर बैठ जाती है, और पुनः कहने लगती है :]

मेरे पति को मरे अब महीनों हो गए हैं। मेलिसा को जब इसकी सूचना मिली तो बड़ी दुखी हुई थी। कई बार अमरीका से फोन भी किया था। लेकिन उनके बारे में कुछ और बातें भी उसे जानना ज़रूरी है। तभी वह मेरे बारे में कुछ ज्यादा समझ पाएगी।...जब वो मरे थे, और मैंने उनके मरने के पहले जब उनकी प्यार भरी आँखों में देखा था...तब यह निश्चय कर लिया था कि कभी दूसरी शादी नहीं करूँगी। उम्र भर उसी मरती हुई दृष्टि के झलकते प्यार के बल पर जीवित रहूँगी...और हमारे प्यार की निशानी, यह जो हमारा छोटा बच्चा है, इसे अपना सारा प्यार देकर, अच्छी से अच्छी शिक्षा दिलवाकर पालूँगी, विकसित करने में सहायता करूँगी।

तभी एक दिन जब मैं अपने मृत पति के कपड़ों को अलमारी से निकाल 'ऑक्सफैम चैरेटी' के लिए झोले में रख रही थी, तभी उनकी एक बिस्तर में पहनी जाने वाली कमीज की जेब से एक लंबा पत्र मिला। यह पत्र अंतिम दो दिनों में बेहद पीड़ा और बीमारी के कारण शायद भेजना भूल गए थे, अतः वह जेब में ही रह गया था। यह पत्र अस्पताल से उन्होंने लिखा था। इसे भी मेलिसा को भेजूँगी।

[लड़की पत्र पढ़ती है]

प्रिय कैरोलिन... पत्र को देखते ही तुम्हें पता चल जाएगा कि इसे मैं अस्पताल से लिख रहा हूँ। मुझे नहीं लगता कि मैं इसे पूरी तरह ख़त्म कर पाऊँगा। लेकिन किसी भी हालत में इसे पूरा करने, और तुम तक भेजने की पूरी कोशिश करूँगा। तुम उसदिन, जब मेरी पत्नी, और मुझे देखने आए लोग चले गए थे ...तो जो देखने आई उसके लिए धन्यवाद देकर भी मुझे लगता है कि पूरी तरह से उपकृत नहीं हो पाया हूँ। मुझे तो उम्मीद भी नहीं थी कि तुमसे फिर कभी भेंट होगी। हमारे संबंध किसी और को मालूम न हों—यह सब हम पहले ही निश्चित कर चुके थे। सोच सोच कर बहुत संतोष होता है कि हम दोनों ने इस बात को निबाहा। किसी को आज तक पता नहीं चल सका हमारे-तुम्हारे संबंधों के बारे में। हम कितनी 'डिस्क्रीट' होकर रहे हैं। मुझे इस बात का भी गर्व है कि हम दोनों ने कभी एक दूसरे को फेल नहीं किया। जहाँ, जब जैसे मिलने की बात हुई, हज़ार अड़चनों के आ जाने के बाद भी हम बराबर अपने तय किए हुए कार्यक्रम निभाते रहे। हम दोनों को हमेशा, पूरी तरह मालूम था कि जितने थोड़े समय हमें साथ होना था, उसमें क्या करना था, और जो भी करना था—पूरे मन और पूरी शक्ति से करना था। आज इस बीमारी की हालत में भी जब सोचता हूँ कि कितनी ताक़त हमने एक-दूसरे को दी...कितनी संपूर्णता एक-दूसरे में भरी...आनंद-प्यार की कितनी शराबें एक-दूसरे के जिस्म को पिलाईं तो यह सब सोच-सोच कर अभी भी कितना कुछ भीतर जाग उठता है। जी होता है तुम यहाँ हो और तुम्हें

अपनी मुट्ठियों में, अपनी बाँहों में, अपने होठों में पूरी तरह भरकर जिऊँ, चूमूँ...लूँ...दूँ...सहलाऊँ...आचमन करूँ...अपना संपूर्ण प्यार...संपूर्ण तन्मयता, संपूर्ण भक्ति...संपूर्ण पावनता तुम्हारी रग रग पर बिछा दूँ...पर यह सब असंभव है। कितनी दूर हो गई है मेरी खुशियों की दुनिया। उस दिन तुमसे मैंने कह ही दिया था कि डॉक्टरों ने जवाब दे दिया है। विज्ञान की कोई भी प्रगति कोई भी अब तक की उपलब्धि मुझे बचा नहीं पाएगी। कुछ ही हफ्तों का मामला और शेष है।

...कल ऊपर की लाइनें लिखते-लिखते इतना थक गया था कि चिट्ठी को बिना ख़त्म किए ही सीने पर पड़ा छोड़कर सो गया था। सुबह नर्स ने उसे दिया...आज जब पत्र आगे बढ़ाने के लिए लिखने लगा तो तुम्हारी हमारी पहली मुलाकात की बात याद आ गई। वह संभ्रांत-ऊँचे लोगों की पार्टी। दफ्तर के सब लोग वहाँ थे। तुम्हारी कम्पनी के भी सब लोग आए हुए थे। मुझे कितना दुख हुआ था कि उस दिन मेरी प्रिय और संसार की सबसे सुंदर महिला, मेरी पत्नी उस पार्टी में नहीं आ सकी थी...

[लड़की ऊपर की ओर देखने लगती है। आँखें डबडबाती हुई सी लगती हैं। पर उन्हें आँचल से झटके से पोंछ कर पढ़ने लगती है।]

फिर पार्टी को आधा घंटा भी नहीं हुआ होगा कि कुछ दूर पर तुम्हें, मैंने कई लोगों से घिरा हुआ देखा। मुझे उस रात इतनी सुन्दर, इतनी भरी हुई यौवन से भरपूर, और इतनी नशीली आँखों वाली लड़की कोई और नहीं दिखी थी।...मैं जान रहा हूँ इस वक्त अपने सौंदर्य की बात पढ़ते ही तुम्हारे गालों पर लाज की ललाई फैल जाएगी, और तुम अपने गले के हार से खेलने लगोगी...सच तुम्हारी ये भाव भंगिमाएँ तुम्हें कितना प्यारा बना देती हैं। अपने को रोकना मुश्किल हो जाता है...तो मैंने जब लोगों से घिरा तुम्हें देखा तो, याद है न, धीरे-धीरे तुम्हारी तरफ़ बढ़ा था। तुमसे परिचय कराया गया। मुझे यह अच्छा लगता है कि जब किसी महिला से परिचय कराए जाने पर स्त्री ही पहले

तपाक् से हाथ मिलाने के लिए बढ़ा देती है। और यही तुमने उस दिन किया था। मैं इस समय भी तुम्हारी गर्म हथेली उसी तरह अपनी हथेलियों में रखा हुआ देख रहा हूँ और उसके ताप को महसूस कर रहा हूँ। तुम्हें भी, मेरी हथेली की पकड़—उनका स्पर्श कितना अच्छा लगा था, यह तुमने बताया था, बाद में याद है न? और मुझे याद है कि तुमने कहा था मैं पुरुष की हथेलियों की पकड़ से ही उसके व्यक्तित्व का अन्दाज़ लगा लेती हूँ। मेरे लिए ऐसे स्पर्श का बड़ा अर्थ होता है। तुमने सच कहा था। हाथों का पहला स्पर्श ही स्त्री-पुरुष के संबंधों की शुरुआत कर देता है। मैं भी हाथों के मिलन को बड़ी अहमियत देता हूँ।... तुम्हें याद है न कि हाथ मिलाने के बाद कुछ ही देर में मैंने अपनी पत्नी के बारे में जानबूझकर बताया था। जानबूझकर कि इससे तुम्हें मैं साफ़ व्यक्ति लगूँ...दूसरों से मेरे विवाहित होने की बात का पता पाकर, तुम पर शायद ठीक असर न हो। तुम्हारा 'कान्फिडेंस' मैंने इस तरह तुरंत पा लिया था। जो मुझे संतोष है कि आज तक नहीं मरा है। यह एक बड़ी चीज़ है कैरोलिन! आज की दुनिया में 'कान्फिडेंस' का मिलना, देना पाना दूभर होता जा रहा है। उस दिन 'कान्फिडेंस' के आधार पर हमने कितना रचा, कितना सुंदर जिया...यह सब आज मेरे अंतिम दिनों में भी कितनी शक्ति भर रहा है, इसको शब्दों में नहीं व्यक्त कर सकता।

...तुम पर मुझे बड़ा गर्व है कैरोलिन! तुम्हारे चरित्र पर सचमुच बहुत गर्व है। मैंने जब भी तुमसे अपनी पत्नी की बात चलाई, जब भी कहा कि उसे मैं कितना प्यार करता हूँ—तुमने इसका कभी बुरा नहीं माना। मैंने बारबार तुमसे वह कहा किसी 'गिल्टी-कान्सन्स' को छिपाने-हटाने के लिए नहीं बल्कि सत्य को बताने के लिए। और तुमने उसे सहज रूप से स्वीकारा। दूसरी बात जिस पर और मुझे तुम पर गर्व है, वह यह कि मेरी तरह तुमने भी कभी नहीं माना कि मैं तुमसे वह पाने आता हूँ जो मेरी पत्नी नहीं दे पाती। संसार का कोई व्यक्ति कभी भी सब कुछ नहीं दे सकता। जैसे मैं सब कुछ नहीं दे पाता। वैसे

ही मेरी पत्नी और वैसे ही तुम। यह मनुष्य नियति है। पर मैंने किसी प्रकार की कमी, या किसी प्रकार के निकास के लिए तुमसे संबंध नहीं स्थापित किया। मैं तुम्हें प्यार करता हूँ। यह प्यार पत्नी के प्यार से भिन्न है, पर उतनी ही ताक़त वाला। मेरे लिए तुम दोनों एक-दूसरे का पूरक नहीं हो। तुम दोनों अलग-अलग इयत्ताएँ हो। दोनों की गरिमा के आगे मैं नत हूँ। यह मेरी सच्चाई है। झूठ होता, तो तुम दोनों को पता चल जाता।...मुझे तुम पर गर्व है कि तुमने मेरी इस सच्चाई का अर्थ समझा...
अब लिखते-लिखते मैं थक रहा हूँ। आगे कुछ नहीं लिख पाऊँगा। वह जो तुमने दिया है, उसे एक अमूल्यवान निधि मानकर लिए जा रहा हूँ—तुम्हें धन्यवाद देकर उसकी गरिमा और गहराई को कम नहीं करूँगा। बस।

[पत्र समाप्त करते ही, लड़की हथेली से मुँह क्षण भर के लिए अपनी गोद में छिपा लेती है। फिर सिर ऊपर उठाती है। और एक उदास हँसी हँसती है। उठती है, रस गिलास में ढालती है। संगीत को कुछ ऊँचा करती है, पर क्षण भर में लौटकर आती है, और खड़े-खड़े कहती है]

मेलिसा को इस पत्र के बारे में बताना ज़रूरी है। मैंने इसके बारे में किसी और को नहीं बताया है। विमल को भी नहीं। और मेलिसा को भी इस विश्वास के साथ कि वह इसे और किसी से न कहे। मैं अपने पति के इस राज़ को फैलने नहीं दूँगी। लेकिन मेलिसा को यह बता देना चाहूँगी कि इसके बाद मैं जितने गुस्से, जितने दर्द और अपने मृत पति के प्रति जितनी दया, चिढ़, तनाव के भावों से गुज़री हूँ, उसमें घृणा का स्थान कभी नहीं बन पाया है। मैं अपने मृत पति से घृणा नहीं करती और हाँ एक बात और। मैं उन भारतीय नारियों में से नहीं हूँ जो मानती हैं कि खोट तो औरत में ही होती है। इसीलिए यह कहना भी ज़रूरी समझती हूँ कि मैंने विमल से पिछले हफ्ते जो शादी कर ली है, वह, उसके लगातार परसिटेंस के कारण, प्यार-समर्पण के कारण, अपने मृत पति से किसी प्रकार के बदला लेने के भाव से नहीं...

मुझे मालूम है...यह बात समझी जाएगी...एक दिन ज़रूर समझी जाएगी...

[वह क्षण भर खड़ी रहती है। फिर टेपरिकार्डर की ओर बढ़ती है, और संगीत बहुत ऊँचा कर देती है...फिर जल्दी से जाकर स्विच बुझाकर अँधेरा कर देती है। मंच पर अँधेरा हो जाता है। सिर्फ संगीत गूँजता रहता है।]

(पर्दा गिरता है।)

क्योंकि लाशों को दुर्गंध
बन जाने से बचाना है

क्योंकि लाशों को दुर्गंध
बन जाने से बचाना है

[मंच : जब पर्दा धीरे-धीरे उठता है, तो मंच पर कुछ देर बिल्कुल अँधेरा रहता है। फिर हल्की रोशनी फैलती है, जो पीली और नीली मिश्रित रंगों वाली लगती है। जब रोशनी पूरी तरह फैल जाती है, तो सामने तीन लाशें जिन्हें काले रंग से ढँक दिया गया है, दिखती हैं। मंच पर पीछे की दीवार एक टूटे-ढहे मकान की है। उसका ही सहारा लेते हुए तीन औरतें जो रह-रहकर सिसकियाँ भरती हैं, दिखती हैं। इन तीनों महिलाओं की उम्र पचीस और तीस से अधिक नहीं है। पार्श्व में रह-रहकर गोली दगने या हथगोले फटने की आवाज़ आती है]

(पात्र संख्या : तीन औरतें और एक पुरुष)

पहली स्त्री : *(जो इन सबमें सबसे अधिक उम्र की है, बेहद गंभीर स्वरों में कहती है।)* हमें कुछ तो तय अभी करना होगा। मैंने फोन पर पुलिस वालों से बात की। मैंने धीरे-धीरे साफ़ शब्दों में उनसे कहा कि हम तीनों अपने पुरुषों को अपने पैसे से अपने देशों को ले जाएँगे। सिर्फ हमारे लिए एयरपोर्ट तक जाने की सुरक्षा चाहिए।

दूसरी स्त्री : तो वो राज़ी हो गए न?

पहली स्त्री : राजी हो गए? अरे उन्होंने मेरी पूरी बात भी नहीं सुनी और ज़ोर से कह पड़े, कह क्या चिल्ला पड़े। बड़े रूखे होकर—बोले हमारा पहला काम यह है, मैडम कि जो लोग अभी मरे नहीं हैं उनकी जान बचाना। जो लोग गोली या हथगोलों के शिकार हो गए हैं

और मर गए हैं, उनके बारे में कुछ सोचना या करना हमारी प्रायॉरिटी नहीं है।

तीसरी स्त्री : हाय हाय! कैसा शख्स था वो, जो मरे हुए लोगों के बारे में इस तरह सोचता है। सामने आ जाए तो मैं उसका मुँह नोचकर कहूँगी : मेरा खाविंद मुसलमान है, वह एक पाक़ आदमी है, वह मुझे लेकर यहाँ हॉली-डे मनाने आया था, और उसे मार दिया गया है तो उसकी लाश की केयर करना—उनकी प्रायॉरिटी नहीं है। कैसा मुल्क़ है ये। कैसे लोग हैं यहाँ के। या अल्लाह हमें क्या पता था कि हमारी किस्मत ऐसा झटका खाएगी।

पहली स्त्री : अरे हम सबकी यही कहानी है। पर सवाल यह है कि जब यहाँ मार्शल लॉ लगा है तो हम क्या करें।

दूसरी स्त्री : *(अपने को कुछ संयत करती हुई स्टेज के दाहिने ओर जाती है, और दरवाज़े से आधा झाँकती हुई धीरे से आवाज़ देती है—)* अरे सिपाही जी, ज़रा इधर आइए, बताइए आप कैसे हैं... *(क्षण भर में एक घायल दिखता हुआ पुलिस वाला आता है और आकर स्त्री के सामने खड़ा हो जाता है, और अपने टूटे और स्कार्फ़ से बँधे हाथ की ओर इशारा करता हुआ कहता है :)* अब आप ही अपनी आँखों से देख लें कैसा हूँ। कितना दर्द है मेरे बदन में इसका अंदाज़ तो आपकी समझ के परे की बात है।

दूसरी स्त्री : सिपाही जी। मुझे आपकी हालत से हमदर्दी है, पर आप अपनी आँखों से देख रहे हैं कि हमारी क्या हालत हो गई...सिपाही जी हम लोगों की दुनिया उजड़ गई है। पूरी दुनिया।

पहली स्त्री : हम आपसे माफ़ी माँगते हैं। क्योंकि हमलोगों ने आपको इतना बुरा-भला कह डाला। यहाँ जो कुछ हो रहा है, उसके जिम्मेदार आप ही हैं—यह हम गलत कह गए थे। हमारे देशों में भी यह सब हो रहा है। और वहाँ भी पुलिस का एक सिपाही क्या कर सकता है।

पुलिस वाला : हाँ, अब आप लोग ठण्डे दिल से बातें कर रही हैं। तो अब ध्यान से सुनिए। हमारे कप्तान ने मुझे फ़ोन पर साफ़-साफ़ कह दिया था कि लाशें वापस दो-तीन दिनों के पहले नहीं जा सकतीं। और इसकी भी पूरी उम्मीद नहीं है। इसलिए लाशों को

दुर्गंध बन जाने से बचाने के लिए एक ही रास्ता है कि इन्हें इन्स्योरेटर में डालकर जला दिया जाए।

दूसरी स्त्री : इन्स्योरेटर में डालकर जला दिया जाएगा। अरे आपको ईमान-धर्म का कोई ख्याल नहीं है। मेरा मर्द एक पाक़ मुसलमान था, उसे ज़मीन में ही गाड़ना होगा। वहीं उसकी लाश को दफन करना होगा। अगर वह दफ़न नहीं किया गया तो परवरदिग़ार की आँखों में वह एक पाक़ इंसान नहीं साबित हो पाएगा। वह फैसले के दिन क्या मुँह लेकर अल्लाह के सामने अपने को पाक़ साबित कर पाएगा।

पहली स्त्री : यह बहन सही कह रही है। मेरे सामने भी यही सवाल है। मैं भी अपने पति को इन्स्योरेटर में नहीं जलने दूँगी। हमारे यहाँ जब शव को दाह देते हैं तो उसकी लपट ऊपर आकाश की ओर जाती है, उसे उसी ओर जाना चाहिए यह जरूरी होता है। उस जलते हुए इंसान की आत्मा को अग्नि की ये ही लपटें परमात्मा तक ले जाती हैं–

पुलिस वाला : *(तीसरी स्त्री की ओर देखता हुआ, और अपनी गोली लगी बाँह को कराहकर सँभालता हुआ–)* अब आप भी कह डालिए। इन्स्योरेटर में आप भी नहीं चाहेंगी कि आपका मर्द जलाया जाए!

तीसरी स्त्री : नहीं। हर्गिज नहीं। हम ईसाई हैं। पर परंपरावादी ईसाई हैं। हमारे यहाँ लाश को दफ़नाया ही जाता है। क्योंकि जजमेंट के प्रति और प्रभु ईसा मसीह के प्रति उसकी यह ईसाइयत भी उसकी जिम्मेदारी है।

पुलिस वाला : *(पहले कराहता है दर्द से, फिर क्षण भर में तनकर सिर उठाकर ज़ोर से कहता है।)* देखिए मैं न तो मुसलमान हूँ, न हिंदू, न ईसाई। मैं एक...ज्यु-यहूदी हूँ। हमी यहाँ विद्रोहियों और आतंककारियों-के लक्ष्य हैं–शिकार हैं। मेरी बाँह में गोली लगी है। पर वह अब ज़हर बन चुकी है। मैं कुछ घण्टों से ज्यादा नहीं जी पाऊँगा। क्योंकि उस गोली का ज़हर मेरे दिल-फेफड़े तक पहुँच चुका है। मैं भी चाहता हूँ कि मेरी लाश को भी हमारी परंपरा की तरह दफ़नाया जाए। पर वह नहीं हो पाएगा। इस

जगह की हालत आप देख रही हैं। न तो गोलीबारी बंद होगी, न तो आतंककारियों के हमले। अब कोई रास्ता नहीं है। सरकार के लोगों को यह चिंता परेशान नहीं कर रही है कि वह मर गए लोगों के लिए क्या करें। उनकी समस्या है कि जो अभी तक नहीं मरे हैं उन्हें कैसे बचाया जाए।

पहली स्त्री : तो आगे क्या होगा।

पुलिस वाला : आगे जो होगा—वह मुझे यों लगता है। पुलिस के लोग आएँगे। एक गाड़ी में आप तीनों को मार्शल लॉ के तहत जबरदस्ती बैठाएँगे और किसी सुरक्षित स्थान पर ले जाएँगे और वहाँ से...

दूसरी स्त्री : *(बात काटते हुए)* लेकिन हमारे मर्दों का क्या होगा?

पुलिस वाला : मैं वही बताने जा रहा था जब आपने मेरी बात काट दी। मैं कह रहा था कि फिर दूसरी गाड़ी होगी। एक बंद गाड़ी मुर्दों को ढोने वाली गाड़ी। उसमें से तीन-चार लोग निकलेंगे और इन लाशों को भी अन्य लाशों के साथ रख देंगे, और फिर गाड़ी भट्ठी वाले मकान में जाएगी और वहाँ इन्हें भी जला दिया जाएगा...इन्हें भी इन्स्योरेटर में रख दिया जाएगा। फिर कहानी खत्म।

[सहसा तीनों औरतें तैश में आकर पुलिस वाले के सामने आ जाती हैं और उसे नोचने-खसोटने लगती हैं, और फिर धक्का देकर ज़मीन पर गिरा देती हैं। और एक साथ चिल्ला-चिल्लाकर कहने लगती हैं, हम ऐसा नहीं होने देंगी। ऐसा कभी नहीं होने देंगी।]

पहली स्त्री : मैं मर जाऊँगी, पर अपने पति के साथ ऐसा सलूक नहीं होने दूँगी।

दूसरी स्त्री : मैं खुदकुशी कर लूँगी। पर अपने आदमी को आखिरी रास्ते पर इस हालत में नहीं जाने दूँगी।

तीसरी स्त्री : *(अपने पति की लाश को उठाने लगती है)* मैं इसे अपने कन्धे पर लेकर जा रही हूँ और सरकारी अफसरों के सामने अपनी पूरी बात कहूँगी...

पुलिस वाला : *(गिरा हुआ/बेहद घायल व्यक्ति के स्वरों में)* करो जो चाहे करो। पर लाशें यहाँ से उठाकर ले जायी जाएँगी। वह जरूरी है। लाश को दुर्गंध बन जाने से बचाने का कोई और रास्ता नहीं

है। अगर ये लाशें यहाँ पड़ी रहीं तो ये सड़ जाएँगी। इनसे केवल दुर्गंध-बदबू ही नहीं फैलेगी—पर बीमारी भी...*(पुलिस वाला एक तरफ़ लुढ़कने लगता है)* और दूसरा और कुछ नहीं हो सकता। मेरे अफ़सरों ने आप लोगों से यही कहने को मुझसे कहा है।

तीनों स्त्रियाँ : *(चिल्लाती हुई)* हम ऐसा नहीं होने देंगे, नहीं होने... और वे चिल्लाती जाती हैं।

[पीछे से गोलियों के चलते रहने और हथगोलों के फटने की आवाज़ तेज होती जाती है। तभी सहसा बाहर कुछ गाड़ियों के रुकने की भी आवाज़ आती है। फिर एक ऊँची और कड़ी आवाज़ उठती है : तुम और तुम और तुम लाशों को उठाकर पहली गाड़ी में भर दो। फिर दूसरी गाड़ी में ज़िंदा लोगों को। जल्दी-जल्दी...अगर दरवाज़ा बंद है तो जल्दी से तोड़ दो उसे। तभी मंच के दाहिने ओर का द्वार खोलने के लिए जूतों की तेज़ ठोकर की आवाज़ें गूँजने लगती हैं और तेज़ होती जाती हैं।]

(फिर एक झटके से पर्दा गिरता है।)

एक और पंख

पात्र

कृष्णा 22 वर्ष
राजेश 24 वर्ष

स्थान : लंदन
मंच : एक स्टूडेंट बेडरूम

[मंच एक तंग सोने का कमरा। हल्की सज्जा। छोटी मेज़ पर लैम्प की रोशनी। सोफे/बिस्तर पर कोई बाईस वर्ष की लड़की लेटी हुई है। उसके बदन पर सिर्फ सफेद चादर है। लड़की का नाम कृष्णा है। पास ही कुर्सी पर कोई चौबीस वर्ष का लड़का जिसका नाम राजेश है, सिर्फ जीन पहनकर बैठा हुआ है। कमरे में तनाव का माहौल है। चेहरों पर हल्की नाराज़गी का भी। पीछे पार्श्व में कभी हल्का पश्चिमी या भांगड़ा का संगीत उठता-गिरता रहता है।]

कृष्णा : प्लीज़, राजेश! नाराज़ मत हो। मैं तुम पर कोई दोष-तोहमत नहीं मढ़ रही हूँ। ग़लती सिर्फ तुम्हारी नहीं। ताली एक हाथ से नहीं बजती। लेकिन ईमानदारी से कह रही हूँ...मुझे अब भी लग रहा है कि हमने यह अच्छा नहीं किया।

राजेश : काश, तुम उस 'किए' के बाद आध घंटे सो नहीं गई होतीं। उस आध घंटे की नींद ने तुम्हें कितना बदल दिया। लगता है, कोई बुरा सपना देख लिया हो जैसे। नींद के पहले तो तुम मुझसे इस तरह लिपटी हुई थीं, जैसे पेड़ की डार से कोई लता। और अब जब नींद खुली, तो रुख़ इतना बदला-बदला?

कृष्णा : रुख़ नहीं बदला है राजेश! मैं सिर्फ इतना कहना चाह रही हूँ कि हमें कुछ दिनों और इंतज़ार करना चाहिए था। वह अच्छा होता!

राजेश : लेकिन उस वक्त तो तुम्हारे तरीकों, रिएक्शनों से यह पता ही नहीं चल रहा था कि तुम इंतज़ार के मूड में हो। मुझे तो लगा था कि तुम भी पूरी तरह तैयार हो। लड़की तैयार नहीं होती है तो पुरुष कभी, कुछ नहीं कर सकता कृष्णा! क्यों भूल गईं कि उस वक्त

हमने एक पूरा, खुला-उन्मुक्त, नशीला और ताक़तभरा प्यार जिया। जिसका आज के पहले केवल अंदाज़ ही लगा सकते थे, अपने को रोके हुए दबाए हुए।

कृष्णा : इससे मैं थोड़े ही इनकार कर रही हूँ।

राजेश : और अब, जब उसके बाद तुम्हारा सौंदर्य, तुम्हारी खूबसूरती और ज्यादा बढ़ गई है और जिसे देखकर मैं सराहने से थक नहीं पा रहा हूँ, तो तुम शिकायत कर रही हो कि हमने यह अच्छा नहीं किया।

कृष्णा : शिकायत नहीं कर रही हूँ, राजेश! मैं मन की बात कर रही हूँ। हाँ, मुझे लग रहा है कि यह हमने अच्छा नहीं किया।

राजेश : तो तुम मुझसे भीतर से ना-खुश हो?

कृष्णा : नाखुश नहीं। पर खुशी में कहीं एक खालीपन का बोध हो रहा है।

राजेश : खालीपन?

कृष्णा : जाने क्यों मुझे ऐसा लग रहा है कि मैं तुम्हारे आगे पूरी तरह खुल गई हूँ। कहीं कुछ छिपा ही नहीं रह गया है।

राजेश : क्यों महसूस कर रही हो कि छिपाना जरूरी चीज़ है?

कृष्णा : कुछ ऐसी चीज़ें होती हैं कि उन्हें छिपाए रखने में ही उसका महत्त्व होता है। मुझे इस वक्त लग रहा है कि जिस चीज़ को कितने महीनों से तुम्हारे लिए रखे हुए थी, ठीक वक्त पर देने के लिए, उसे आज शराब के नशे में होकर आसानी से लुटा दिया।

राजेश : यह तुम्हारा 'लुटाना' शब्द अच्छा नहीं लग रहा है।

कृष्णा : लेकिन मैं जानबूझ कर इस 'शब्द' का इस्तेमाल कर रही हूँ। मैं सचमुच कुछ लुटी-लुटी महसूस कर रही हूँ। ग़लत वक्त दिए जाने पर औरत को अपनी सबसे कीमती-मूल्यवान चीज़ लुटी हुई लगने लगती है।

राजेश : कृष्णा! लुटाया तो अनजानों के हाथ जाया जाता है। मज़बूर होकर, अनचाहे, बेदिली से जो दिया जाता है, उसे लुटा कहते हैं। जो तुमने दिया, वह पूरे मन से दिया। निस्पृह—'अनअटैच्ड' हालत में नहीं दिया। अनमने मन से नहीं दिया। ताकत से दिया। ताकत से जगाए जाने पर दिया।

कृष्णा : लेकिन ऐसी हालत में थी जिस पर अपना पूरा काबू, पूरा अधिकार न था।

राजेश : तो क्या, जो तुमने मुझसे पाया उसका कोई अर्थ, कोई माने नहीं है?

कृष्णा : उसी की ताकत ने तो बेकाबू कर दिया था। और वह सुखद था, 'प्लेजेण्ट' था। इसीलिए तो अपने 'किए' पर गुस्सा नहीं आ रहा है। सिर्फ कुछ अफसोस, कुछ हल्की ग्लानि महसूस हो रही है। ...उफ! पार्टी...शराब...ऊँचा संगीत, यह बदन से बदन सटाकर नाचना! कितना बेकाबू हो जाता है इंसान का दिल-दिमाग़। विवेक कितना मर जाता है, पार्टी के नशे में?

राजेश : लेकिन तुम पर एक नशा और भी था। पूरी तरह चढ़ा हुआ...जैसे मेरे ऊपर चढ़ा हुआ था—वह था प्यार का। उसे कहना तुम भूल गईं।

कृष्णा : प्यार का नशा मन-विवेक को कमज़ोर, इस तरह इतनी जल्दी नहीं बना देता। किंतु ऐसे माहौल का नशा बना देता है।

राजेश : मुझे तो नहीं लगा था कि उस वक्त तुम कहीं कमज़ोर थीं। न ही मैं कमज़ोर था। ऐसी मिलीजुली, एक साथ वाली शक्ति, क्या पहले भी हमने कभी देखी थी? फिर इसके पहले मैंने जब-जब 'ट्राई' किया, तुम हमेशा कहती थीं कि वक्त आने पर 'ना' नहीं करूँगी। वह तुम्हारी है, और किसी को न दूँगी। तो मैंने अपनी ही चीज़ तो पाई?

कृष्णा : यही तो प्वाइंट मन को खाए जा रहा है। सोच रही हूँ कि उस बेकाबू वाली हालत में, क्या कोई भी वह नहीं पा लेता?

राजेश : नहीं! तुम इतनी कमज़ोर नहीं हो। इसीलिए तो मैंने हमेशा तुम्हारी, तुम्हारे 'समूचे' की इतनी इज्ज़त की है।

कृष्णा : लेकिन सही वक्त नहीं था...

राजेश : भूख तब थी...सही वक्त कब होता?

कृष्णा : मुझे नहीं पता था कि तुम्हारे अंदर इतनी भूख थी!

राजेश : भूख तुम्हारे अंदर भी थी। जब तुम्हारी पतली, लंबी अंगुलियाँ, मेरे बालों से खेलती हुईं, मेरे गर्दन पर हल्का नाखून गड़ाने लगी थीं, तो भूख एकतरफा नहीं थी। आग दोनों तरफ सुलग रही थी। उन

क्षणों में औरत को अपनी भूख का पता नहीं चलता, वह भूकंप उठा देती है–भूकंप! कृष्णा!

कृष्णा : दोष किसका था? आग में घी कौन डाल रहा था?

राजेश : मैं अपने को कोई दोषी-गुनहगार नहीं मानता। खासकर इसलिए कि तुमने इस पार्टी में आने से शुरू से ही इनकार कर दिया होता, और मैं, तुम्हें यहाँ ज़ोर दबाव से लाता, तो शायद दोषी मानता!

कृष्णा : मैंने एक 'पार्टी' में आना स्वीकार किया था। 'पार्टी' किसे अच्छी नहीं लगती।

राजेश : तुमने एक 'पूरी रात वाली पार्टी' में आना स्वीकार किया था। पूरी रात की पार्टियों में सिर्फ खाना-नाचना-गाना नहीं होता। सब कुछ हो सकता है–अगर लोग अपने में स्वतंत्र महसूस करें तो।

कृष्णा : मुझे नहीं मालूम था कि सब-कुछ इतना 'प्री-प्लाण्ड' था। मुझे पूरा अंदाज़ नहीं था।

राजेश : यह मैं नहीं मान सकता। तुम और तुम्हारी दोस्त रोहिनी...दोनों की...

कृष्णा : *(बात काटते हुए)* रोहिनी का नाम न लो...वह तो तुम जो कहोगे, वह करेगी।

राजेश : मैंने उससे कुछ करने को नहीं कहा। बुलाया मैंने नहीं था। सिर्फ मैंने तुम दोनों को पार्टी के बारे में बताया था *(जरा रुककर)* कृष्णा, रोहिनी और मेरे बीच अब कुछ नहीं रहा। उसका नाम ले-लेकर क्यों पुरानी बातों को कुरेदती हो...

कृष्णा : मैं पुरानी बातों को कुरेदना नहीं चाहती। लेकिन मुझे उससे कभी-कभी बड़ी नफ़रत हो जाती है। जानते हो, जब मैंने तुम्हारे साथ जाना शुरू किया तो उसने क्या कहा था?

राजेश : वह कुछ भी कह सकती है!

कृष्णा : उसने कहा था कि जिस लड़के को मैंने त्याग दिया, उसके साथ तुम कैसे जाती हो? मुझे तैश आ गया था। खासकर इसलिए भी कि उसने यह बात 'टॉम' के गले में हाथ डालते हुए मुझे दिखाकर कही थी...

राजेश : टॉम बहुत अच्छा दोस्त है, और...

कृष्णा : *(बात काटते हुए)* तब मैंने उसका जवाब दिया कि सच तो यह

है कि राजेश ने तुम्हें मेरी वजह से छोड़ा।

राजेश : कृष्णा! क्या इस वक्त यह ज़रूरी है कि हम ये बातें करें कि किसने किसको छोड़ा? हम और रोहिनी अब साथ नहीं हैं—दैट्स...दैट्स...

कृष्णा : मैं रोहिनी को बिल्कुल पसंद नहीं करती। कल वही सारी दुनिया में जाकर डंका पीटकर मुझे बदनाम करेगी, मैंने राजेश के साथ पूरी रात एक कमरे में बितायी। शादी या पूरे इंगेजमेंट की बात के पहले ही।

राजेश : 'बदनाम' करेगी। बदनाम से तुम्हारा क्या मतलब। हमने कौन-सा कुसूर किया है। किसका गला घोंटा है। अब तुम मुझे गुस्सा दिला रही हो, कृष्णा! तुम...तुम मुझे छोटा कर रही हो....तुम मुझे छोटा दिखाना चाहती हो और अपने को 'गुडी...गुडी!'

कृष्णा : नहीं, मैं वैसा नहीं कर रही हूँ।

राजेश : देखो कृष्णा! तुम 'हिपोक्रेसी' मत दिखाओ। मत, मुझ पर यह रोब जमाने की कोशिश करो कि तुम्हें किसी ने धोखा देकर यह सब किया है। तुम्हें अगर यही सब डर था...तो तैयार होकर क्यों आई थीं?

कृष्णा : क्या मतलब?

राजेश : मतलब यह कि जब मैंने उस वक्त तुमसे पूछा था तो तुमने जवाब दिया था कि 'हाँ मैं प्रिकाशन ले रही हूँ।' क्या तुम्हें यह भी समझाऊँ कि लड़कियाँ प्रिकाशन क्यों लेती हैं। खांसी-जुकाम से बचने के लिए नहीं...

कृष्णा : तुम मेरा मज़ाक मत उड़ाओ राजेश! 'प्रिकाशन' तो तुमसे मिलने के दो महीने बाद से ही मैंने लेना शुरू कर दिया था...

राजेश : क्यों?

कृष्णा : क्योंकि तब तक मुझे मालूम हो चुका था कि तुम्हारे लिए मेरा बदन, मेरी 'बॉडी' एक जरूरी चीज़ हो गई है और अपने बारे में भी मुझे मालूम हो गया था कि एक दिन तुम मुझे 'हेल्पलेस' बना दोगे और मैं विवश हो जाऊँगी।

राजेश : विवश!

कृष्णा : हाँ, विवश! लेकिन तुम्हारी ही वजह से नहीं। अपनी वजह से मुझे कहीं महसूस होने लगा था कि अब मैं ज्यादा दिनों तक तुम्हें 'रेजिस्ट'

नहीं कर पाऊँगी। तुम मेरी ज़िंदगी में प्यार बनकर आए हो...

राजेश : और मेरे पहले वाले...

कृष्णा : *(खीझकर)* पहले वाले...क्या तुम्हें लग रहा है कि तुमसे पहले भी...

राजेश : नहीं....यह बात मेरे मुँह से ग़लत निकल गई।

कृष्णा : हाँ, बिल्कुल ग़लत!

राजेश : तुम्हारी बातों का 'टोन' इस वक्त इतना कड़ुवा-सा हो गया है कि मेरे मुँह से ग़लत बातें निकले जा रही हैं।

कृष्णा : राजेश! काश, तुम मेरे कहने के 'टोन' से ज्यादा मेरी बातों का अर्थ समझते!

राजेश : बात कैसे कही जाती है, उसका अर्थ होता है!

कृष्णा : मैं इस समय बहुत मिलीजुली 'फीलिंग' से बातें कर रही हूँ, इसलिए, प्लीज़ 'टोन' को ज्यादा 'इम्पॉर्टेंस' मत दो।

राजेश : कैसा हो कि हम कुछ देर बातें न करें।

कृष्णा : बातें न करें? क्या चुपचाप भीतर ही भीतर घुटते रहें। सुलगते रहें!

राजेश : हमने ऐसा क्या कर दिया है कि तुम इस क़दर 'डिस्टर्ब' हो गई हो। कौन-सा आसमान नीचे उलट दिया है? *(सोचकर)* मुझे लगता है, तुम मेरे साथ...खुश नहीं हो...

कृष्णा : *(गुस्से से)* साथ खुश नहीं हो...अब तो कहोगे ही, अब तो सब-कुछ मिल गया तुम्हें...गुज़र चुके हो मेरे समूचे से...तो अब साथ की बात सूझने लगी? अब क्या रहा मुझमें। छोड़ दो...साथ से खुश नहीं हो।

राजेश : ओ गॉड आलमाइटी! कौन किसको छोड़ने की बात कर रहा है? मैंने तो यही कहा कि तुम खुश नहीं हो।

कृष्णा : मैंने शुरू में कह दिया कि मैं तुमसे ना-खुश नहीं हूँ। मुझे तुम पर गुस्सा नहीं है....मैं इस माहौल से खुश नहीं हूँ। ज़रा माहौल की बात तो सोचो।

राजेश : मैं पार्टी में माहौल की बात नहीं सोचता। उसे महसूस करता हूँ। इसकी लय को जीता हूँ।

कृष्णा : सोचना पड़ता है माहौल के बारे में। ज़रा सोचो, हमारे कितने दोस्त पहचान वाले यहाँ...

राजेश : तो?

कृष्णा : तो, वो जानते हैं कि इस कमरे में, कौन-कौन हैं!

राजेश : तो?

कृष्णा : तो वो ये भी जानते हैं कि जो इस कमरे में हैं, वो यहाँ क्यों हैं?

राजेश : इससे उनका क्या लेना-देना? फिर वो सब अपने में व्यस्त हैं।

कृष्णा : लोग हर बात को अपना लेना-देना बना लेते हैं।

राजेश : ऐसे लोग मेरे लिए बेमानी होते हैं।

कृष्णा : तुम्हें 'प्ले ब्वॉय' कहे जाने से दुख नहीं होगा। उल्टे शायद खुशी हो। लेकिन मैं लड़की हूँ। और मैं 'गुड टाइमर' लड़की नहीं हूँ।

राजेश : यह जाहिर है! तुम्हें, जब से हम साथ हुए हैं, किसी ने, किसी और लड़के के साथ नहीं देखा!

[कृष्णा बिल्कुल चुप होकर अपने होंठों पर अँगुली रखकर, राजेश को चुप होने का इशारा करती हुई धीरे से कहती है–]

कृष्णा : मुझे लगता है कोई दीवार से कान लगाकर हमारी बातें सुन रहा है।

राजेश : *(कुछ मुस्कराकर)* हाँ, मुझे भी लग रहा है। और मुझे मालूम है, वह कौन है!

[फिर खड़े होकर आवाज़ को ऊँचा करके चिल्लाता है]

राजेश : वज़ीर! मुझे मालूम है, तुम बाहर खड़े हो। हमारी बातें सुन रहे हो। तुरंत यहाँ से चले जाओ...नहीं तो मैं दरवाज़ा खोलकर अभी तुम्हारी मरम्मत करूँगा।

[आवाज़ सुनते ही, किसी के बहुत आहिस्ते से जाने की आवाज़ सुनाई पड़ती है।]

राजेश : यह वज़ीर बड़ा अजीब लड़का है। हर पार्टी में आ जाता है। लेकिन किसी लड़की के साथ रिश्ता कायम करने की हिम्मत नहीं करता। उसको सिर्फ और लोग भीतर क्या कर रहे हैं, उसकी आवाज़ को सुनकर ही 'प्लेज़र' मिलता है।

कृष्णा : अजीब 'पर्वरटेड' आदमी है!

राजेश : हाँ, और देखने में कितना मासूम और कितना हट्टा-कट्टा और हैंडसम भी है!

कृष्णा : हो सकता है।

राजेश : जब भी इससे 'जेंट्स' में भेंट होती है, तो आईने के सामने बाल

में कैंची मारता हुआ दिखता है।

कृष्णा : अपने पर मोहित होगा।

राजेश : शायद।

कृष्णा : या बहुत अकेला आदमी होगा!

राजेश : लेकिन अकेले लोग दूसरों की बातों को चोरी-छिपे नहीं सुनते।

कृष्णा : कहीं उसने हमें उस वक्त, जब हम...याने हमें कुछ करते तो नहीं सुना?

राजेश : सुना तो क्या...मुझे परवाह नहीं!

कृष्णा : मुझे तो वह सोचकर कुछ शर्म-सी आ रही है...पता नहीं मैं क्या-क्या कह रही थी...उस वक्त...

राजेश : शर्म तो उसे आनी चाहिए।

कृष्णा : लड़कियों को ऐसे इंसान पर दया भी आ सकती है।

राजेश : जो लड़के ऐसे बनकर लड़कियों की दया माँगते हैं, वे सचमुच छिछले होते हैं।

कृष्णा : लेकिन कुछ लड़के ऐसे दया-भाव का फायदा उठा सकते हैं। नाटक भी कर सकते हैं। लड़की ऐसे मौकों पर कमज़ोर भी हो जा सकती है।

राजेश : और, नहीं भी। लड़की जितनी कोमल हो सकती है, उतनी ही कड़ी भी।

कृष्णा : क्या तुम्हें किसी लड़की ने दया-भाव से...? 'पिटी' से...?

राजेश : कृष्णा! मुझे अपने पर भरोसा है।

कृष्णा : तभी तो तुमने लड़कियों का फायदा उठाया है।

राजेश : मैं....मैं इन बातों को फायदे और नुकसान के तराजू पर नहीं तौलता।

कृष्णा : लेकिन तुमने मुझसे पहले कहा है कि तुम्हारा और लड़कियों से भी रिश्ता...

राजेश : हाँ! ज़रूर! और तुमसे इसलिए कहा कि यह सब तुम्हें, मेरे बारे में, दूसरों से सुनने से ज्यादा, मेरे मुँह से ही सुनना ज्यादा अच्छा होगा।

कृष्णा : मैंने तुम्हारी इस ईमानदारी की इज्जत की है। मुझे मालूम है कि तुम्हें लड़कियाँ चाहती हैं, और तुम भी उन्हें...

राजेश : मैं चाहता 'था', लेकिन तुम्हारे पहले...और हाँ, उन सबों को अफसोस-ग्लानि नहीं हुई थी।

कृष्णा : तुम्हें कैसे पता?

राजेश : मुझे समझ में नहीं आता कि ऐसे मामलों में औरत इतनी 'कॉम्प्लेक्स' क्यों होती है। कहा जाता है कि उसे शारीरिक संबंध में मर्द से ज्यादा आनंद मिलता है, फिर इतना सारा नाटक क्यों?

कृष्णा : क्योंकि वह देती है।

राजेश : वह पाती भी है। देने-पाने को यहाँ अलग नहीं किया जा सकता।

कृष्णा : मैं नहीं इनकार करती कि तुमसे मुझे मिला नहीं। शायद जो आज मिला तुमसे, उतना गहराई वाला, उतना सुखमय अनुभव पहले किसी चीज़ में नहीं मिला मुझे! लेकिन बारबार मैं अपने से पूछ रही हूँ—क्यों, आखिर आज ही क्यों? और बार-बार मुझे लगता है कि शायद नशे के कारण!

राजेश : ऐसा सोचना तुम्हारा अपने को धोखा देना होगा। और फिर कहता हूँ, शायद मुझे छोटा करना भी।

कृष्णा : तुम्हें छोटा करना?

राजेश : हाँ! दूसरे शब्दों में तुम जैसे कह रही हो कि जो मैंने पाया, वह अपने बल-बूते पर नहीं, तुम्हारे शराब के नशे में होने की वजह से...याने जो मैं नहीं जगा सका, वह शराब ने जगाया...तुम्हारे भीतर?

कृष्णा : यह कैसे कह सकती हूँ? नशे में हूँ या नहीं, तुम्हें क्या पता कि तुम्हारा स्पर्श, तुम्हारा जरा-सा 'टच' मुझे कहाँ-कहाँ पहुँचा देता है। क्या-क्या मुझमें नहीं जगाता।

राजेश : तुमसे यह सुनकर मुझे बड़ा संतोष हो रहा है।

कृष्णा : क्या और लड़कियों ने भी यही कहकर संतोष दिया तुम्हें?

राजेश : इस बिंदु पर मैं कभी किसी दो की तुलना नहीं कर सकता। मैं इस बारे में पूरी ईमानदारी में विश्वास करता हूँ। और मेरी ईमानदारी, जिसके साथ हुआ था, उस वक्त सिर्फ उसके लिए थी। उसका किसी दूसरे से संबंध नहीं।

कृष्णा : लड़की कहती भले न हो, पर वह भी पूरी ईमानदार होती है!

राजेश : कभी-कभी...

कृष्णा : हमेशा नहीं?

राजेश : नहीं। हाँ, एक लड़की मुझे नहीं भूली है, जो मुझे इस मामले में सबसे ईमानदार, स्पष्ट और बिना किसी उलझन वाली लगी थी। उसने हमारे शारीरिक प्यार के बाद अपने बारे में कहा था, कि मुझे मालूम है मैं बहुत सुंदर और उत्तेजक–'प्रवोकेटिव' हूँ। मुझे यह भी मालूम है कि जो पुरुष मुझे पाता है वह अपने को बड़भागी समझता है। बहुत समय तक उस पर मेरी प्राप्ति का नशा चढ़ा रहता है। मुझे मालूम है कि मर्द को सुख देकर, मैं उसे कहीं उठा देती हूँ। इसीलिए जब कोई आदमी मुझे पसंद आता है तो उसे देने से इनकार नहीं करती। मुझे यह हक़ नहीं कि मैं उसके सुख से उसे वंचित करूँ, उसे अलग रखूँ, उसको उसके कॉन्फिडेंस...उसके 'सेंस आफ अचीवमेंट' से वंचित करूँ!

कृष्णा : क्या सचमुच उसने यह कहा?

राजेश : तुमसे, मैं कह चुका हूँ कृष्णा, कि मैं तुमसे कभी झूठ नहीं बोलूँगा, कुछ छिपाऊँगा भी नहीं। हाँ, वह अद्‌भुत लड़की थी। उसकी गहरी नीली आँखें, कमर तक लहराते सुनहरे बाल और सोने और तांबे का-सा मिला रंग, ऐसा सौंदर्य पहले कभी इतने करीब से नहीं देखा था।

कृष्णा : मुझसे भी ज्यादा सुंदर थी इसीलिए शायद तुम कह रहे हो?

राजेश : मैं दो सौंदर्यों की, दो ब्यूटीज़ की तुलना नहीं कर सकता। मेरे लिए तुम अद्वितीय हो, 'अनपैरेलल' हो। तुम्हारे मंच पर और किसी की गुंजाइश नहीं! लेकिन वह भी अद्वितीय थी।

कृष्णा : क्या तुमको उससे प्यार था!

राजेश : *(मुस्कराकर)* प्यार! उसका मेरा रिश्ता सिर्फ कुछ घंटों का था। वह लंदन में किसी कॉन्फ्रेंस में आई हुई थी। डॉक्टर थी। अभी-अभी पढ़ाई खत्म करके न्यूयार्क के किसी अस्पताल में काम शुरू किया था...

कृष्णा : तो तुमसे उम्र में बड़ी रही होगी।

राजेश : हाँ, कुछ साल। पर उम्र की भी मेरे लिए कोई अहमियत नहीं। वह अट्ठाईस साल की थी, और मैं उन्नीस साल का।

कृष्णा : उससे फिर कभी मिलने की बात सोची है?

राजेश : कभी नहीं। सोच भी नहीं सकता। ऐसा स्वर्ग दोबारा नहीं जिया

जा सकता। दोबारा मैं जीना भी नहीं चाहता। और उसने मुझसे ईमानदारी से कह दिया था कि वह एक पुरुष से दोबारा नहीं मिलती।

कृष्णा : पता नहीं ऐसी लड़कियों की जिंदगी में प्यार-नेह की कोई जगह होती है या नहीं?

राजेश : बिना प्यार-नेह के कोई नहीं जीता। जी ही नहीं सकता। मुझे लगा था वह लड़की अभी अपने प्यार में है। अपने प्रबल प्यार में है। और वह अपने प्रबल प्यार से भी ज्यादा ताक़त वाला प्यार खोज रही है। वह ज़रूर पाएगी।

कृष्णा : जितना तुम उससे खुश हुए, क्या वह भी तुमसे उतनी ही हुई थी?

राजेश : हाँ, जो-जो बातें उसने, मेरे बारे में इस संबंध में कही थीं, उससे मुझे बड़ा 'कॉन्फिडेंस' मिला था। वह मेरे लिए अजीब कठिन समय था। उस समय उसने जो दिया...जो 'कॉन्फिडेंस' दिया, उसे मैं कभी नहीं भूल सकूँगा।

कृष्णा : तुम्हारे बारे में उसने क्या कहा?

राजेश : कुछ अच्छी बातें कही थीं। वह मैं कभी किसी और से नहीं कहूँगा। वह मेरे भीतर की शक्ति है। 'इंसपरेशन' है।

कृष्णा : राजेश! क्या तुम हमेशा से ही बहुत कामुक रहे हो? 'ओवर-सेक्स्ड'?

राजेश : मैं लड़की के शरीर को, फिज़ीक को बहुत महत्त्व देता हूँ।

कृष्णा : लड़की से ज्यादा?

राजेश : मेरी निगाह में लड़की पचास फीसदी शरीर होती है। अगर उसके बदन की, उसके शरीर की इज्जत न करो तो वह 'फ्रस्टेड' हो जा सकती है। 'रिजेक्टेड' फील कर सकती है।

कृष्णा : इस माने में तुम्हारी कोई सीमा है?

राजेश : हाँ, है। दो चीजें मैं नहीं कर सकता। मैं किसी लड़की को 'रेप' नहीं कर पाऊँगा, क्योंकि मैं शरीर को पाते वक्त उसका आदर भी करता हूँ। इसीलिए, दूसरी बात भी मेरे लिए महत्त्वपूर्ण हो जाती है। और वह है कि मैं कभी पैसे देकर शरीर नहीं खरीद सकता।

कृष्णा : याने 'यू डोण्ट वाण्ट टु पे फार इट'?

राजेश : नो! आई डोण्ट वाण्ट टु पे मनी फार इट। क्योंकि तब वह शरीर मेरे लिए एक 'कामोडिटी' होकर रह जाएगा।

कृष्णा : तो 'प्रेजेंट' क्यों देते हो?

राजेश : सद्भावना...मित्रता से...कुछ खरीदने के लिए नहीं।

कृष्णा : ...'रेप'...इसीलिए बुरा है न कि वह किसी की मर्जी के खिलाफ किया जाता है। क्योंकि लड़की 'नहीं', 'नहीं' कहती-चिल्लाती है। ...मैं भी तो उस वक्त तुमसे नहीं, नहीं कर रही थी...क्या वह रेप नहीं हुआ?

राजेश : नहीं, बिल्कुल नहीं। तुम्हारे शब्द—'नहीं'...'नहीं' कर रहे थे, लेकिन तुम्हारा शरीर नहीं...नहीं कर रहा था।

[खामोशी]

कृष्णा : क्या उस लड़की ने 'नहीं' कहा था?

राजेश : वह उसकी ज़रूरत नहीं समझती थी।

कृष्णा : पर मुझे इस लड़की की जिंदगी निराधार लगती है। वह लड़की मुझे कहीं खोई हुई इंसान लगती है। बाद में उसे भी बड़ी ग्लानि होती होगी।

राजेश : मैंने पूछा था। उसने जवाब दिया था, 'नहीं'।

कृष्णा : लोग उसके बारे में क्या कहते होंगे?

राजेश : लोग सबके बारे में कुछ-न-कुछ कहते हैं।

कृष्णा : यही चिंता तो मुझे अपने बारे में भी इस समय हो रही है।

राजेश : चिंता?

कृष्णा : हाँ। क्योंकि कल लोग कहने लगेंगे कि मैं भी यहाँ की लड़कियों की तरह हो गई।

राजेश : 'रबिश'!! 'यहाँ की लड़कियाँ...यहाँ की लड़कियों' से तुम्हारा क्या मतलब है?

कृष्णा : मैंने कहा लोग कहने लगेंगे। 'यहाँ की लड़कियों' से मेरा मतलब?...नहीं, शायद मेरा कोई ख़ास मतलब नहीं था...मैं भी तो यहीं की हूँ।

राजेश : लेकिन तुम्हारे कहने का कुछ अर्थ तो रहा ही होगा?

कृष्णा : मेरा मतलब है 'गोरी लड़कियों' से और 'एशियन लड़कियों' से। दोनों में बुनियादी अंतर न होते हुए भी उनके व्यवहार में अंतर होता है। क्योंकि उनके घर का वातावरण भिन्न होता है।

राजेश : मुझे तुम्हारी बात से लग रहा है कि तुम एशियन लड़कियों को ऊँचा दिखाने की कोशिश कर रही हो।

कृष्णा : नहीं। मैं ऐसी बातों में विश्वास नहीं करती। लेकिन कुछ लोग कहते हैं। वे इसीलिए कहते हैं कि एशियन लड़कियों का पालन-पोषण दूसरी तरह से होता है। उनके घर की सीख भिन्न होती है। वे बाहरी रूप से गोरी लड़कियों से कम आज़ाद होती हैं।

राजेश : और भीतरी तौर से?

कृष्णा : मुझे उसमें कोई भिन्नता नहीं लगती। औरत पहले औरत है, फिर गोरी, साँवली, काली, नीली, पीली, हरी...

राजेश : मुझे तुम्हारा यह कहना अच्छा लग रहा है, कृष्णा। नहीं तो बड़ी गलतफहमी फैली हुई है, अलग-अलग नस्ल वालों के बारे में। हम, गोरों के बारे में गलत धारणा बनाए हैं। और वे, हमारे बारे में।

कृष्णा : इसीलिए मुझे फालतू बातों में विश्वास नहीं है। लेकिन, चूँकि माहौल के कारण गोरी लड़कियाँ ज्यादा आज़ाद होती हैं, इसलिए मुझे डर लगने लगा है कि कहीं मुझे भी लोग उनकी तरह आजाद, स्वतंत्र न कहने लगें।

राजेश : स्वतंत्र और 'लूज़' होने में फर्क है। प्यार में पड़ी लड़कियाँ, अपने को समर्पित करते हुए 'लूज़' नहीं महसूस करतीं, चाहे वो गोरी हों, भूरी हों, काली हों या नीली-पीली हों। वो सिर्फ प्यार के पूरेपन को महसूस करती हैं, ऐसे मौकों पर।

कृष्णा, तुम माहौल शब्द पर बहुत ज़ोर दे रही हो?

कृष्णा : हाँ, क्योंकि वहीं से हमें हमारे मूल्य—हमारे वैल्यूज मिलते हैं।

राजेश : तुम्हें किससे मिले?

कृष्णा : माँ से। मैंने अपनी माँ से बहुत-कुछ पाया है। वह सब जो सहज आ गया है और वह भी जो तर्क में हारकर आया है।

राजेश : मैं तो समझता था कि तुमसे तर्क-बहस में कोई नहीं जीत सकता!

कृष्णा : अब तुम मुझ पर 'टांट' कर रहे हो।

राजेश : नहीं, तुम्हें 'क्रेडिट' दे रहा हूँ। तुम जब भी बोलती हो तो लगता है कि विषय पर पहले से ही काफी सोचा है।

कृष्णा : इसीलिए तुम मुझसे इतना 'आर्गूमेंट' करते हो?

राजेश : मैं? मैं तो नहीं शुरू करता। आर्गूमेंट हमेशा लड़कियाँ शुरू करती हैं। हाँ, जहाँ तक तुम्हारा सवाल है, कह सकता हूँ कि तुम्हारा शरीर ही 'प्रवोकेटिव' नहीं है, तुम्हारी बातें भी उत्तेजक होती हैं।

कृष्णा : लेकिन माँ से मैंने बहुत सीखा है। माँ के पीछे उसका जीवन-अनुभव जो है। जैसे तुम्हारी माँ का...

राजेश : 'बट दिस इज़ द प्वाइंट'। तुम्हारी माँ भी, मेरी माँ की तरह हिंदुस्तान के एक छोटे-से कस्बे से आई है। तुम मेरी तरह इस मुल्क में पली-पढ़ी हो। तुम दोनों की समझ-बूझ में ज़मीन-आसमान का फर्क़ होगा। कम से कम मेरी माँ और मुझमें है।

कृष्णा : फर्क़ है, लेकिन मुझे कभी-कभी हैरत होती है कि वह जो कहती है, वह कितना सही होता-घटता है।

राजेश : जैसे?

कृष्णा : जैसे, उसने कहा था कि शादी के पहले, जिसको प्यार करती हो, उसको भी शरीर देने से एक प्रकार की ग्लानि-अफसोस का अनुभव हो सकता है। और वह सच निकला!

राजेश : कृष्णा, माहौल की बात तुमने कही थी। क्या तुम्हारी जगह गोरी लड़की होती तो वह भी ऐसा ही महसूस नहीं करती?

कृष्णा : जिन्हें मैं जानती हूँ, उनमें से ज्यादा करतीं। एक-दो को तो ऐसा ही लगा था। इस स्तर पर माहौल से भी ज्यादा अपने 'प्रिंसिपल' और अपनी 'फीलिंग' का सवाल होता है। और यहाँ ज्यादातर लड़कियाँ, कम से कम मुझे तो यही लगता है कि, ऐसा ही सोचती हैं।

राजेश : लड़कियाँ कितनी 'कंजरवेटिव' होती हैं!

कृष्णा : लड़के कम कंजरवेटिव, इस माने में नहीं होते। अभी भी ज्यादातर यही चाहते हैं कि उन्हें ऐसी पत्नी मिले, जिसका संबंध पहले और किसी से नहीं रहा हो।

राजेश : लेकिन कुछ, 'एक्सपीरियंस्ड' को ज्यादा पसंद करते हैं।

कृष्णा : हाँ...कुछ। *(हँसकर)* कुछ...तुम्हारे जैसे...

[तभी दरवाजे पर खड़कन होती है, और कोई बाहर से पूछता है]

आवाज़ : टॉम! इज़ इट यू...देयर, टॉम? आई एम जौली! जौलीसिंह।

राजेश : ओ जौली! यहाँ...मैं हूँ, राजेश!

आवाज़ : अरे राजेश, अच्छा हुआ यार, तुम निकले। मैंने समझा टॉम था। क्या कमरा खाली हो सकता है, यार। साथ जो लड़की है, उसने खूब पी रखी है, दोस्त। तैयार है। लेकिन इस बड़े मकान के सब

कमरे भरे हुए हैं। पार्टी जोरों पर है। तुम्हारा काम हो गया हो तो, प्लीज़...

कृष्णा : *(बेहद नाराज़ होकर, चिल्लाती हुई)* यू रास्कल। यू गुंडा। गेट लॉस्ट। क्या समझ रखा है, कोई 'ब्राथेल' है यह...काम हो गया...हो तो, प्लीज़!

[बाहर से दोनों तुरंत जाते हुए सुने जाते हैं। और तभी कृष्णा राजेश की ओर मुड़कर, लगभग चिल्लाती हुई।]

कृष्णा : मैंने कहा था न! यह पार्टी की जगह नहीं। भटियारखाना है। शराब पीकर सब हैवान हो गए हैं। लाइन लगी हुई है, लड़कियों को लेकर...

राजेश : *(बात काटते हुए)* प्लीज़ कृष्णा! तुम जौली को जानती हो। वह बड़ा 'अनकूथ' व्यवहार वाला आदमी है, लेकिन दिल का बुरा नहीं।

कृष्णा : हाँ, मैं तुम सब को जानती हूँ। लेकिन बिल्कुल नहीं जानती। तुम सब बहेलिये हो, बहेलिये। चिड़िया फाँसना तुम्हारा काम है। वही काम यहाँ हो रहा है।

राजेश : कृष्णा, प्लीज़ 'टेम्पर लूज़' मत करो। प्लीज़। हालात को समझने की कोशिश करो।

कृष्णा : सब समझ रही हूँ, इसीलिए तो कह रही हूँ। तुम लोग पार्टी में नहीं आए हो, खेल के मैदान में स्कोर बनाने आए हो। लड़कियाँ लूटने आए हो।

राजेश : प्लीज़। आवाज़ धीमी रखो। लड़कियाँ अपनी फ्री-विल से यहाँ आई हैं। किसी ने उन्हें जंजीर में बाँधकर लाने का काम नहीं किया है। तुम भी 'फ्री-विल' से आई हो।

कृष्णा : हाँ, और मैंने बहुत बड़ी ग़लती की है।

राजेश : अपने को छोटा कर रही हो, यह कहकर।

कृष्णा : मुझे परवाह नहीं। क्योंकि मैं छोटे लोगों से इस वक्त घिरी हुई हूँ।

राजेश : यह तुम उस शख्स के बारे में कह रही हो, जिससे प्यार करती हो।

कृष्णा : ओफ! जाने क्या हो गया है मुझे? अगर जौली सामने होता तो उसका गला घोंट देती।

राजेश : तुम पागल हो रही हो कृष्णा!

कृष्णा : हाँ! यह सोच-सोचकर पागल हो रही हूँ कि जब तुम इस कमरे से निकलोगे, तो जौली जैसे दोस्तों की आँखों में एक और लड़की को जीतने...फतह करने का मैडेल लगाकर, मुकुट में एक और पंख खोंसकर निकलोगे। और मैं, जब मैं...निकलूँगी तो एक बहुत मूल्यवान चीज़...अपना क्वाँरापन लुटाकर निकलूँगी...उसका 'स्टिगमा' लेकर निकलूँगी...

राजेश : तुम मेरे लिए सिर्फ 'फतह' की हुई लड़की नहीं हो कृष्णा! इस वक्त तुम गुस्से में हो, इसीलिए ऐसी बातें कर रही हो। *(रिक्त हँसी के साथ)* औरत हर हालत में अपने मन की, अपनी पसंद, नापसंद की बातें करने में कितनी 'आर्टिक्यूलेट' होती है...लेकिन सच कहूँ तो तुम्हारी बातों को सुनकर मुझे पहली बार लग रहा है कि इस माने में तुम और लड़कियों से कम दकियानूस नहीं हो, 'टिपिकल' एशियन गर्ल *(हँसकर)* टिपिकल एशियन गर्ल...

कृष्णा : दकियानूस! मैंने जो आज किया है, अगर वह किसी और के साथ करके तुम्हारे पास आती तो क्या तुम मुझे अपना, बिना किसी हिचक के, बना लेते?

राजेश : कैसी बातें कर रही हो कृष्णा? तुमने 'वह सब' किसी और के साथ नहीं किया है...यह हमारे बीच हुआ है...मैं राजेश हूँ...और हम तुम साथ-साथ बहुत कुछ जी चुके हैं...जी रहे हैं। मैं अपने तन-मन में तुम्हारे प्रति...तुम्हारे ही प्रति पूर्ण समर्पित पाता हूँ।...नाहक़ उस पागल जौली की बातों का बुरा मान गईं...

कृष्णा : वह?

राजेश : हाँ, वह नशे में था।

कृष्णा : नशे में लड़के नहीं हैं यहाँ, नशा लड़कियों पर चढ़ाया गया है।

राजेश : तुम सब लड़कियों के बारे में जानती हो क्या?

कृष्णा : अपने बारे में जानती हूँ!

राजेश : जो लड़की जौली के साथ थी, वह तैयार थी। जैसे तुम तैयार थीं कृष्णा। 'प्लीज़, डोंट बी हिपोक्रेट!'

कृष्णा : तो अब मैं 'हिपोक्रेट' ढोंगी हो गई।

राजेश : ओह कृष्णा! प्लीज़ 'बी काइंड'। मुझे लड़कियों के गुस्से से बड़ा डर लगता है। मैं 'डीसेंसी' का पर्दा फटते हुए नहीं देखना चाहता।

कृष्णा : 'डीसेंसी' का पर्दा तो इस पार्टी में सब फाड़ रहे हैं।

राजेश : तुम सब की ठेकेदार नहीं हो कृष्णा। तुम किसी के बारे में नहीं जानतीं। सच कहूँ तो तुम अपने बारे में भी नहीं जानतीं। तुम नहीं जानतीं कि तुम क्या चाहती हो। 'माई गॉड' इतनी मिली-जुली फीलिंग तुम्हारी हो जा सकती थी...अगर मुझे यह पहले पता होता तो, तुम...तुम्हें इस पार्टी में लाता ही नहीं।

कृष्णा : तो...मेरे कपड़े इधर बढ़ाओ...मैं बाहर जा रही हूँ।

राजेश : कृष्णा! तुम अगर बाहर गईं तो फिर मुझसे नहीं मिल सकोगी। मेरी इज्जत पर धावा न बोलो...और अपने को छोटा न करो। मैं जौली से कहकर तुमसे माफी मँगवाऊँगा।

कृष्णा : *(कुछ शांत होते हुए)* 'व्हाट ए डिज़ास्टर'! दिस पार्टी इज़ ए ग्रेट डिज़ास्टर!!

राजेश : क्या? जो कह रही हो सच है। दिल पर हाथ रखकर, सोचकर कहो, तभी विश्वास करूँगा।

कृष्णा : *(कुछ और शांत होकर)* इस वक्त गुस्से से मेरा सिंर फटा जा रहा है। मैं इतना 'इंसलटेड' फील कर रही हूँ।

राजेश : क्योंकि तुम इस वक्त 'रेशनल' नहीं हो, कृष्णा। विच इज़ नाट यू, रियली नाट यू! तुम बहुत समझदार लड़की हो। इसीलिए मैं तुम्हें प्यार करता हूँ। तुम बिगड़ी स्थितियों को सुधारने में माहिर हो...आज तुम्हें क्या हो गया है?

कृष्णा : क्योंकि आज मैं वह होकर रह गई हूँ, जो आज शाम तक नहीं थी, क्योंकि मुझे लग रहा है कि मैं कहीं लुट गई हूँ। किन आँखों से माँ की आँखों में अब देखूँगी। किस मुँह से पिता से मुँह चढ़ाकर बातें करूँगी। मैं आज अपने को नीचा गिरा हुआ महसूस कर रही हूँ। मुझे लग रहा है कि मैंने अपने माता-पिता को धोखा दिया है। क्योंकि उनके कहे का उलटा किया है। क्योंकि मैंने शादी के पहले...

राजेश : तुम इस वक्त एक दस साल की लड़की की तरह बातें कर रही हो। वे दोनों मुझे जानते हैं। और शादी की बात! वह पहले उठी ही कब थी? पर लो, आज तुमने उठा ही दी तो...

कृष्णा : प्लीज़ राजेश! हम लोग आगे बातें न करें। हम बड़े कमज़ोर क्षणों

से गुज़र रहे हैं। किन्हीं बड़ी जिम्मेदारियों की बातें आज न करें तो ही अच्छा रहे...

राजेश : बात मैंने नहीं उठाई...

कृष्णा : प्लीज चेंज द सबजेक्ट!

राजेश : क्या तुम बाहर घूमने जाना चाहोगी?

कृष्णा : इतनी रात गए?

राजेश : कभी-कभी लंदन में गर्मी के दिनों में कुछ इलाकों में भटकना बहुत अच्छा लगता है...खासकर साउथ बैंक पर, थेम्स के किनारे...

कृष्णा : मैंने तो सुना वहाँ रात में सिर्फ 'होमलेस' लावारिस-आवारा लोग ही भटकते हैं।

राजेश : 'होमलेस' लोग वहाँ भटकते नहीं, सोते हैं। हम भटकेंगे नहीं, घूमें-फिरेंगे वहाँ।

कृष्णा : लेकिन हमें बाहर जाता देख, लोग यही कहेंगे, हमारा झगड़ा हुआ है।

राजेश : तो सच ही तो कहेंगे।

कृष्णा : पूरा सच तो नहीं।

राजेश : हाँ, झगड़े के अलावा, हम यहाँ कर ही क्या रहे हैं? इससे अच्छा तो बाहर ही जाना होगा।

कृष्णा : मुझे समस्याओं से भागना अच्छा नहीं लगता।

राजेश : न तो मैं यहाँ कोई समस्या देख रहा हूँ, न ही कोई भागना। मैं तो इस अच्छे मौसम में बाहर जाकर घूमने-भटकने के आनंद की बात कर रहा था।

कृष्णा : तो, अच्छा....मेरे कपड़े दो।

[राजेश दूसरी कुर्सी के नजदीक जाकर कृष्णा के कपड़ों को उठाने लगता है, पर ज्यों ही सलवार-कुर्ता छूता है, कुछ रुक जाता है। उसे धीरे से उठाकर अपने गालों के नजदीक लाकर चूमता है।]

राजेश : ओह! कितना चिकना है यह सिल्क। ठीक, तुम्हारे बदन की तरह।

कृष्णा : प्लीज़ राजेश! तुम जानते हो कि जब ऐसी बातें करते हो तो मेरा रोआँ-रोआँ खड़ा हो जाता है, शरीर काँपने लगता है, भीतर की आग धधकने लगती है।

राजेश : नहीं चाहते हुए भी रोक नहीं सकता, कहने से। पता नहीं क्या

जादू है तुम्हारी देह की कोमलता में! *(वह फिर सिल्क के कपड़ों को चूमने लगता है)*

कृष्णा : तुम्हें इस वक्त ठीक मालूम है, तुम मुझ पर क्या कर रहे हो? तुम जानते हो कि जब तुम्हारी उँगलियाँ मेरे सिल्क के कुर्ते पर घूम रही हैं तो मुझ पर क्या गुज़र रही है...पता नहीं क्या कर देते हो मुझ पर, तुम...

राजेश : वह जो मेरे वश का नहीं होता, जो मेरे वश का नहीं है।

कृष्णा : मैं तुम्हें प्यार करती हूँ। मैंने और किसी को प्यार नहीं किया है राजेश! जब तुम मुझे छूते हो तो मेरे शरीर का अंग-अंग गुदगुदा देते हो...तूफान जगा देते हो...प्लीज़ डोण्ट डू दैट...

राजेश : लेकिन इस वक्त तो मैं तुम्हें नहीं स्पर्श कर रहा हूँ!

कृष्णा : लेकिन मेरे उस कुर्ते को, जिस तरह भींचे हुए हो, क्या वह कम है? क्या वह मुझसे कुछ नहीं कह रहा है...राजेश मेरा शरीर डोलने लगा है...

राजेश : तुम्हें नहीं मालूम कृष्णा! कि इस दिन की इंतज़ारी में मैंने किस तरह इधर-उधर उलट-पुलटकर रातें काटी हैं, किस तरह उम्र का एक-एक दिन जिया है। हर खूबसूरत चेहरे में तुम मुझे दिखी हो। हर मांसल, उत्तेजित बदन में उभरी हो...जागी हो। मैंने मन ही मन तुम्हें कितना सँवारा-सहेजा और सराहा है। तुम्हें सोच-सोच कर, हर सुंदर लड़की को देखकर, तुम्हें पूरी तरह भींचकर पूरी तरह अपना सब कुछ दे देने के लिए छटपटा-छटपटा कर रह गया हूँ।

कृष्णा : ओह!...राजेश...

राजेश : और आज जब तुम खुली हो तो...तुम्हें पता नहीं होगा कि कितनी बड़ी 'चैलेंज' बनकर सामने आ गई थी। मैं सचमुच इतना एक्साइटेड हो गया था कि ज़रा देर...तो लगा मैं तुम्हारे सामने फेल हो जाऊँगा, पर अपने तन-मन की पूरी ताकत को, सँभाले रहा और जब वक्त आया तो, ओफ, एक पूरा आकाश मेरा हो गया। मुझे लगा कि एक अनबँधे पंछी की तरह उड़ रहा हूँ, कहाँ से कहाँ और कहाँ नहीं। ओह...कृष्णा क्या...तुम्हें कभी बोध हुआ है कि तुममें कितनी शक्ति है, कितनी आग है, कितनी गहराई है?

[कहकर वह कुर्ते को अपने मुँह और सीने से रगड़ने लगता है]

कृष्णा : राजेश! तुम मुझे फिर एक्साइट कर रहे हो। प्लीज़ राजेश! मैं फिर अपने को भूलने लगी हूँ...अब बस तुम्हें ही देख रही हूँ। इतनी ताप भरी बातें न करो, मेरा संयम फिर टूट रहा है। तुमने जो कुछ किया आज, उसे सोच-सोच कर शरीर में फिर भूकंप उठने लगा है राजेश!

राजेश : कृष्णा! क्या तुम यह भी महसूस कर पा रही हो कि मुझ पर क्या गुजर रही है? *(सिल्क के कुर्ते को सीने से चिपकाकर और मुट्ठियों में दबोचकर)* जानती हो, इस वक्त मैं क्या करना चाह रहा हूँ। इस कुर्ते के धागे-धागे को चूमूँ, उसे अपने अंग-अंग में बाँधूँ...मुझे लग रहा है मेरी नसों का बाँध खुल गया है...अब कोई किनारा पानी के इस जोर को नहीं रोक सकता...पानी की धार...रेत को...काट कर ही रहेगी...तट को हिलकोर-हिलकोर कर छुएगी।
[वह कुर्ते को जमीन पर फेंक देता है, और कृष्णा की ओर बढ़ने लगता है]

राजेश : ओह कृष्णा! अब अपने को रोकना मुश्किल हो गया है मेरे लिए! कृष्णा सच कह रहा हूँ!

कृष्णा : *(अपनी दोनों बाँहों को फैलाकर)* प्लीज़ राजेश, मुझे रोको! मुझे सँभालो...मेरा संयम भी रेत की तरह कटा जा रहा है...तुम्हारे तन-मन की धार को मैं महसूस करने लगी हूँ...प्लीज़ राजेश...प्लीज़...
[राजेश एक झटके में बिस्तर पर जाकर कृष्णा को अपनी बाँहों में भर लेता है...कृष्णा उससे उन्मुक्त होकर लिपटने लगती है, और अपने होंठ उसकी ओर बढ़ा देती है]

(पर्दा गिरता है।)

सर्पधार

[मंच एक बड़ी सुरुचि से सजाया गया बैठकखाना है। इस ड्राइंगरूम के सोफे की गद्दियाँ पास रखे लैंपस्टैंड, नीचे बिछी कालीन, दीवार पर टँगे एक-दो भारत संबंधी चित्र आदि को देखने से पता चल जाता है कि यह लंदन के किसी अच्छे मध्यवित्त परिवार के घर का हिस्सा है। कोने की एक छोटी मेज़ जिस पर एक टेलीफोन रखा है, एक 38 वर्ष के भारतीय पुरुष की तस्वीर है। यह नायिका के पिता की तस्वीर है। यह 18-19 साल की नायिका, जिसका नाम रंजी है, सोफे के एक कोने में बैठकर, लिफाफे से निकाल-निकालकर कुछ तस्वीरों को देखे जा रही है। और खुश है। बीच-बीच में संगीत, पास रखे पोर्टेबल टेपरिकार्डर से उठ रहा है। कमरे में रोशनी बहुत ज्यादा नहीं है। जब पर्दा उठता है तो लड़की गूँजते संगीत के वॉल्यूम को टेपरिकार्डर पर कम कर देती है। और एक तस्वीर को ग़ौर से देखते हुए कहती है–]

लड़की (रंजी) : वाह! गुड! यह तस्वीर सचमुच बहुत अच्छी आ गई है। गाँव का अच्छा 'क्लोज़-अप' है। *(उसे रखकर दूसरी तस्वीर उठाती है)* अरे, यह तो और अच्छा बन पड़ा है। पहाड़ी की ऊँचाई साफ दिख रही है। *(फिर पिता की तस्वीर की ओर देखकर)* ओ! डैडी, यू विल लव दीज़ पिक्चर्स। *(फिर एक और तस्वीर उठाती है)* एक्सलेंट। यह सर्पधार का शाट सचमुच बहुत अच्छा है। अच्छा, इस तस्वीर को अलग करके शीशी के पास रख दूँ। डैडी को इस शीशी के पानी की पूरी कहानी बताते वक्त, इस तस्वीर को दिखाना अच्छा

रहेगा।...कहानी! हाँ, इस सर्पधार की कहानी को डैडी को जरा मजेदार ढंग से सुनाना है। ...रिहर्सल कर लूँ...डैडी यू आर ए गुड लिसनर... *(वह खड़ी हो जाती है और पास रखी छोटी शीशी को उठाकर कहने लगती है)*–

डैडी यह एक शीशी है। यह ट्रांसपेरेंट है। इसमें कुछ गंदा पानी भरा हुआ है। यह पानी आपके...नहीं नहीं, हमारे गाँव का है। गाँव की एक पतली-सी धार का है। जब मैं हिंदुस्तान में थी, तो गर्मियों की वजह से पानी सूख चुका था। जो जरा-सा बचा था, उसे ही यहाँ बचाकर लाई हूँ।

डैडी! आई नो, यू ओण्ट बिलीव इन दीज़ थिंग्स। आप इसे टिपिकल इंडियन कह देंगे। बट, दिस वाटर इज़ समथिंग आई वुड लाइक यू टू नो एबाउट। आप जब गाँव से बाहर आए थे, तब यह पानी वहाँ नहीं था। गाँव वाले और हमारे रिश्तेदारों ने यही बताया था मुझे। यह आपके आने के बाद की बात है।

[लड़की, मेज पर रखे शर्बत भरे गिलास से कुछ पीती है]

यह पानी पहाड़ियों से निकलकर गाँव के पुल के पास एक पतली धार बनकर बहता है। फिर उस धार से नाली की तरह एक और धार निकलती है। वर्षा के बाद पानी इस नाली को भर जाता है। अगर उस लकड़ी के पुल पर खड़े होकर देखें तो यह छोटी धार एक घिसटते हुए साँप की तरह लगती है। इसीलिए गाँव के लोग इसे सर्पधार कहते हैं। और यह भी कहते हैं कि इस नाली जैसी धार का पानी ज़हरीला होता है। मुझे पूरी तरह से विश्वास नहीं होता कि यह पानी ज़हरीला है। इसीलिए शीशी में भरकर यहाँ लाई हूँ कि अपने 'एक्स-साइंस-टीचर' से इसका 'लैब' में जाँच कराऊँ। मैंने वहाँ निर्मल अंकल से शर्त लगाई है कि यह पानी ज़हरीला नहीं लगता। वो कहते हैं कि इसे अगर किसी को पिला दो तो वह मर जाएगा।

[जरा रुककर अपने से सवाल पूछती है? 'हाऊ ऐम आई डूइंग? ऐम आई मेकिंग एनी सेंस?']

डैडी! यह पानी ज़हरीला क्यों है, इसकी एक कहानी है। गाँव के लोग कहते हैं कि पुल के पास एक औरत ने अपनी हत्या कर

ली थी। क्योंकि उसका पति अपनी औरत के काले रंग से असंतुष्ट था, तथा किसी और की औरत को लेकर गाँव के बाहर भाग गया था। यह जानकर वह औरत पागल हो गई थी। एक शाम को वह बाहर निकली और पुल के पास बड़ी धार के पास गई। उसमें नहाई और नहाने के तुरंत बाद अपने सीने में छुरा भोंक दिया। फिर दर्द से घबराकर, चीखती हुई, कुछ दूर भागी। लेकिन कुछ ही दूर जाकर गिर पड़ी और थोड़ी देर बाद मर गई। जहाँ-जहाँ उसके भागते हुए उसका खून गिरा वहीं नाली जैसी पतली धार बन गया! यही सर्पधार! गाँव वाले यह भी मानते हैं कि कुछ दिनों बाद एक गाय ने वहाँ जाकर, उस नाली का पानी पिया था। शाम तक उस गाय की भी मौत हो गई थी। तब से लोग कहने लगे हैं कि वहाँ किसी को नहीं जाना चाहिए। गर्मियों में भी, जब पानी सूख जाता है, तब भी लोगों को वहाँ जाने से मना किया जाता है। क्योंकि पानी के अलावा भी वहाँ सब-कुछ ज़हरीला हो गया है। अब जल्दी ही उस जगह को पाट दिया जाएगा। मुझे यह तब बड़ा विचित्र और दिलचस्प लगा था। डैडी, आज जब आप घर आएँगे, तो यही कहानी सबसे पहले आपको सुनाऊँगी। फिर हिंदुस्तान में अपनी लिखी डायरी बाद में। ...ओ! आई एम सो एक्साइटेड...आपसे कितना कुछ कहना है। वह सब जो आपको हिंदुस्तान से छुट्टियाँ मनाते वक्त नहीं लिख सकी...वह सब सुनाऊँगी...आई एम सो ग्लेड यू आर सच ए गुड लिसनर...

[वह रुककर, टेपरिकार्डर का संगीत ऊँचा कर देती है। तभी टेलीफोन की घंटी बजती है। वह रिसीवर झटके से आगे बढ़कर उठा लेती है।]

: ...हलो...ओ क्लेयर! प्लीज़, जस्ट ए सेकेंड...दिस रेडियो... *(वह संगीत धीमा कर देती है)*...क्लेयर। हाऊ नाइस यू टु रिंग। आई वाज़ जस्ट गोइंग टु रिंग यू...योर लेटर? नो, आई डिडण्ट गेट... । ...न्यूज...ह्वाट न्यूज...नो आई डोण्ट नो एनिथिंग...नो रियली...आई डिडण्ट गेट योर लेटर...नो नो, टेल मी नाऊ!

[वह ध्यान लगाकर टेलीफोन पर बात सुनती जाती है। बातों को सुनते-सुनते उसके चेहरे का भाव बदलता जाता है। वह बेहद नाराज

होती जा रही है। मुट्ठी बाँधती है। होंठ काटती है...जब बात बर्दाश्त के बाहर हो जाती है तो झटके से टेलीफोन का रिसीवर पटक कर रख देती है, और क्रोध से पागल होकर चिल्लाने लगती है–]

रंजी : यू बिच! यू स्लट! यू टार्ट...यू डिट इट विद माई फादर। बेशर्म! मेरे पिता को फाँस लिया अपने फंदे में *(सोफे पर बैठकर बेहद गुस्से और दुख से अपनी हथेलियों से मुँह ढँक लेती है। रुआँसी जैसी होकर)* ओह! गॉड! यह सब क्या हो गया। आई फील सो ब्रोकेन, सो डिफीटेड...सो चीटेड...सो ह्यूमिलियेटेड!

[फिर अपने पिता की तस्वीर की ओर गुस्से से देखकर]

रंजी : और तुम! बदमाश, लुच्चे धोखेबाज़!...आई! लव्ड यू सो मच। और मुझे ही धोखा दिया! मुझे ही लेट-डाउन किया...मेरी ही दोस्त के साथ...

[मेज पर रखी तस्वीर को उठाकर जमीन पर फेंक देने को होती है, पर अपने को रोक लेती है। आँखें तरेरकर देखती है, फिर तस्वीर पर थूक, उसे सोफे पर फेंक देती है।]

रंजी : ओफ! क्या करूँ अब! दिल में आ रहा है कि उसी औरत की तरह अपने सीने में भी छुरा भोंक कर, खत्म कर दूँ अपनी कहानी...

[खामोशी]

ओह! नो! मैं उन कुछ बुज़दिल एशियन लड़कियों की तरह नहीं हूँ कि माँ-बाप के दबाव से तंग आकर और धोखे से घुट-घुट कर खुदकुशी कर लेती हैं। मैं इतनी कमजोर नहीं हूँ।...ओ! नो आई एम नाट...। आप मुझे नहीं तोड़ पाएँगे, डियर डैडी!...कहा था, हिंदुस्तान जाकर अपनी मिट्टी को देख आओ...मुझे हिंदुस्तान भेजा था...वहाँ की मिट्टी देखने के लिए। नहीं, मुझे अपने रास्ते से हटाने के लिए...कि जमीन खाली हो जाए और अपनी बेटी की उम्र की उसकी दोस्त को फांस कर अपना बिस्तर गर्म करने लगे।

...ओ क्लेयर! तुम मेरे सामने एक बार आ जाओ...तुम्हारा गला न घोंट दूँ तो अपने बाप की बेटी..ओह गॉड! मैं किस बाप की बात किए जा रही हूँ। उसकी बेटी होने की कसौटी कस रही हूँ जिसने अपनी बेटी को धोखा दिया...कहा था बेटी! हिंदुस्तान जाकर अपनी ज़मीन, अपनी मिट्टी, अपनी जड़ देख आओ...ओफ! इंसान

इतना गिर सकता है!

[वह अपने सिर के बाल नोचने लगती है]

जी में आ रहा है, ज़हर खाकर मर जाऊँ...लेकिन नहीं। *(वह शीशी उठा लेती है)* नहीं, नहीं मैं नहीं ज़हर खाऊँगी। तुम्हें ज़हर देकर मार डालूँगी...तुमने मुझे ठगा है। अब इस शीशी का ज़हरीला पानी 'लैब' नहीं जाएगा। इसे तुम पियोगे। काश कि गाँववालों की बात सच निकले। यह पानी ज़हर हो।

[तभी दरवाज़े पर खटखट की आवाज होती है। लेकिन लड़की कोई जवाब नहीं देती...दरवाज़ा खुलता है और एक लड़की जिसकी उम्र कोई बीस साल की होगी...एक प्रकाश नाम के हम-उम्र लड़के के साथ प्रवेश करती है...]

रंजी : *(काँपते हुए वह उस लड़की से दौड़कर चिपक जाती है।)* ओ! उषा मैं तुमसे क्या कहूँ। गज़ब हो गया। मेरे ऊपर एक पहाड़ टूटकर गिर पड़ा है। मेरी दुनिया उजड़ती हुई लग रही है। क्लेयर ने मेरे पिता को फाँस लिया। और वह मेरा कमज़ोर पिता...

उषा : *(बात काटते हुए)* हमें सब मालूम है, रंजी! इसीलिए हम यहाँ आए हैं। पागल मत होओ...सँभल जाओ...मैं तुम्हारे इस दुख को समझ सकती हूँ...लेकिन गुस्से से ऐसी मत हो जाओ...धीरज रखो। तुम्हारे पिताजी ने यह खबर दिलवाने के लिए ही हमें भेजा है। लेकिन हमें कुछ देर हो गई और क्लेयर का फोन इस बीच जाहिर है, हमारे आने के पहले ही आ गया...तय यह हुआ था कि मैं तुमसे कहूँ...फिर क्लेयर फोन करे।

रंजी : *(उसी तरह गुस्से से)* तो यह एक साजिश है। तुम सब मेरे खिलाफ मिलकर...

पुरुष : *(बात काटते हुए)* देखिए रंजी जी! मेरी 'फियान्से' आपकी दोस्त है, इसीलिए हम यहाँ आए हैं, क्योंकि आपके पिता ने रिक्वेस्ट किया हमसे...हम लोगों को किसी साजिश वगैरह में मत जोड़िए...हम लोग किसी के आपसी मामले में नहीं पड़ना चाहते...यह हमारा मामला नहीं है...लेकिन आपके पिता के बहुत कहने पर हम यहाँ आए हैं। मैं इसलिए आया हूँ कि उषा आई है। मैं तो आपको ठीक तरह से जानता भी नहीं। न ही मैं आपके पिताजी को पूरी

तरह जानता हूँ। हम लोग किसी बीच-बचाव में नहीं पड़ना चाहते...आप हमें नाहक किसी साज़िश वगैरह का पार्टी न बनाएँ।

उषा : *(डाँटती हुई)* प्रकाश! ऐसी बातें न करो। रंजी मेरी बहन की तरह है। वह जो कह रही है, उसका गुस्सा मैं समझ रही हूँ। प्लीज़ डोण्ट मेक इट मोर डिफिकल्ट...यू सिट डाउन देयर...आई एम सॉरी उषा...प्लीज समझने की कोशिश करो। हम सब परेशान हैं।

रंजी : *(कुछ ठंडी होती हुई)* आई एम सॉरी प्रकाश! मुझे 'साज़िश' वाली बात कहने का कोई हक़ नहीं था...लेकिन मैं बिल्कुल उजड़-सी गई हूँ इस वक्त...मैं पागल हो रही हूँ। आसमान मुझ पर टूट गिरा है।

प्रकाश : इसीलिए...तो हम कहने आए हैं कि धीरज से काम लें। क्या हम लोगों को इसका दुःख नहीं है। क्या आपको लगता है कि यह आपके पिता के लिए आसान है।

उषा : रंजी...मैं सच-सच कहती हूँ, तुम्हारे पिताजी बहुत दुःखी हैं। उनको मैंने कभी इतना दुःखी, इतना चिंतित नहीं देखा था...सचमुच वह बहुत परेशान हैं। अब तो तुम समझ गई होगी कि वह तुम्हें कल 'रिसीव' करने क्यों नहीं गए...क्यों इस वक्त लंदन में नहीं हैं, बल्कि एडिनबरा गए हैं...तुम्हें शायद ही कभी पता चले कि पिछले पत्र में जब तुम्हें यहाँ भारत से जल्दी लौट आने को उन्होंने लिखा था...तो उन्हें कितने बड़े मन के संकट का सामना करना पड़ा था...उन्हें खुद नहीं मालूम था कि दो महीनों में उनकी ज़िंदगी में इतना बड़ा परिवर्तन, इतनी बड़ी उथल-पुथल मच जाएगी...

प्रकाश : वह आपसे...आपके...सामने आकर खड़े होकर बातें करने से पहले इतना डर गए हैं, इतना घबराए हुए हैं, इतना परेशान हैं कि आसानी से नहीं कहा जा सकता।

[रंजी...हथेलियों से मुँह ढँककर फिर सिसकने लगती है। सोफे पर धड़ाम से बैठ जाती है। उषा उसके नज़दीक आकर बैठ जाती है। प्रकाश एक दूसरी कुर्सी पर बैठ जाता है।]

उषा : सचमुच रंजी! तुम्हारे पिताजी बहुत डरे-घबराए हुए हैं। तुम जानती ही हो कि वो औरतों से कितना दब जाते हैं। हमेशा तुमसे दबे रहे हैं। इसलिए नहीं कि वह कोई कमज़ोर आदमी हैं, बल्कि वो

ऐसे मर्दों में से हैं जो जिस औरत से प्यार-स्नेह करते हैं, उसे बिल्कुल रंज नहीं करना चाहते। उसका जी बिल्कुल दुखाना नहीं चाहते। उनके यह जज़्बात उन्हें कमज़ोर बना देते हैं। शायद यही एकाएक क्लेयर के रिश्ते में भी हुआ।

रंजी : उस शैतान, उस कुतिया का नाम मेरे सामने मत लो उषा! मुझे उससे अपने पिता की तरह घृणा हो गई है। मैंने सच कहूँ तो एक दोस्त की तरह उसे कभी पसंद ही नहीं किया। कितनी बार उसे दुत्कार भी दिया, पर वह हमेशा मुझसे लगी रही। वह अकेली ऐसी अंग्रेज है जो दुत्कारे जाने के बाद भी पीछा नहीं छोड़ती।

प्रकाश : यह उसके बारे में आपका निजी ख़याल है। मैं उसके बारे में कुछ नहीं कहना चाहता। हाँ, एक बात नहीं भूलिए कि वह एक टूटे घर से आती है। उसका पिता पियक्कड़ था और उसकी माँ को मारता-पीटता था। इसीलिए उसकी माँ ने उसे तलाक दे दिया था...वह भी बड़ी अकेली लड़की है...ठीक आपके पिता की तरह।

उषा : नशे में उसने एक रात क्लेयर के साथ वह करना चाहा...ओफ़ कैसे कहूँ...

रंजी : *(खाली लगभग सफेद चेहरे की उदासी मुँह पर है)* बहुत देर हो गई है अब। पिछले पंद्रह मिनटों में मेरी सारी 'फीलिंग्स' उन दोनों के लिए बदल गई हैं। मुझे लग रहा है दोनों ने मिलकर मुझे ठगा है। मुझे धोखा दिया है। मेरे साथ साज़िश की है...जब मैं यहाँ नहीं थी तो ज़मीन खाली देखकर अपना महल खड़ा कर दिया है— *(फिर बेहद गुस्से में आकर)* नहीं, मैं यह धोखेबाज़ी बर्दाश्त नहीं करूँगी...मैं उन दोनों से इसका बदला लेकर ही रहूँगी।

उषा : रंजी, सँभलो, क्या कह रही हो...

रंजी : जानती हो उषा! इस दुनिया का सबसे नीच और कमीना आदमी कौन है...वह है मेरा पिता। जिसे लोग सूरज कहते हैं। जो मेरे जीवन पर अभी तक शासन करता रहा है। जानती हो...उसने मेरी रग-रग पर यह ज़ाहिर कर रखा था... उस दिन से जब से मैं...सोचने-समझने लायक हुई कि दुनिया में मुझसे ज्यादा वह किसी को प्यार नहीं करता...

प्रकाश : और, रंजीजी, यह सच है...यह उन्होंने जब मुझसे कहा था, तो

उनकी आँखों में आँसू आ गए थे।

रंजी : नहीं, यह झूठ है...बनावटी, ऊपरी दिखावा था। *(कुछ सोचती हुई)* जब मैं 12-13 साल की हुई, तभी से मुझे अपनी माँ से रश्क होने लगा। क्योंकि वह इतनी सुंदर थी, गुस्सेवर होते हुए भी, वह बहुत नेक थी...क्योंकि जब वह कहीं आती-जाती थी, तो लोग मुड़-मुड़ कर उसे देखते थे...वह इतनी सुंदर थी कि जो उसे एक बार देखता, वह दूसरी बार देखने के लिए बिना मुड़े नहीं रह सकता था...मुझे इससे बड़ी जलन-सी होती थी। लेकिन मेरे पिता हमेशा जब भी मैं अपनी माँ से झगड़ती-लड़ती तो मेरा ही साथ देते। मुझे लेकर वो दोनों कभी-कभी एक-दूसरे से दो-दो दिन नहीं बोलते...लेकिन कभी भी मेरे पिता ने मुझे दोषी नहीं ठहराया।

उषा : मुझे इस सब पर विश्वास हो रहा है।

रंजी : मेरे पिता मुझे यह बताने में कभी नहीं चूकते थे कि उनके लिए दुनिया में मेरा ही सबसे सुंदर चेहरा था...मुझे याद है कि जब भी मैं सोफे पर...इसी सोफे पर बैठती, वह मुझसे सटकर आकर बैठते...और मेरे लंबे बालों से खेलते...चूमते और बार-बार कहते, बेटी दुनिया में किसी औरत के इतने सुंदर बाल नहीं हैं। 12-13 साल की उम्र से ही उन्होंने कहना शुरू कर दिया कि तीन-चार सालों में जब तुम और जवान हो जाओगी...तो तेरी खूबसूरत आँखों के सामने जवान लोट-पोट हो जाएँगे... और इस तरह की हज़ार-हज़ार बातें मुझसे करते...शायद यही वजह थी कि मुझे उनके आगे कोई और मर्द उनके जैसा मज़बूत, खूबसूरत, ईमानदार और अच्छे दिलवाला नहीं लगता था।

उषा : सो तो सूरज अंकल हैं ही। 39-40 साल की उम्र में भी वो आज 30-32 साल से ज्यादा नहीं लगते। मैं तुमसे सच कहूँ, कुछ साल पहले मैं खुद उनके प्रति आकर्षित थी...उनकी बातें सुनना मुझे बहुत अच्छा लगता था। उनके अंदर कौमार्य है। और जवान दिल है। हर लड़की उनकी ओर खिंचेगी।

रंजी : *(कुछ सिसकते हुए)* ओह! उषा, यह सब कैसे हो गया? किसने उनका सिर फेर दिया। जानती हो उषा! अभी कुछ महीने पहले तक वो हमेशा मुझसे पूछते—रंजी, आज शाम भी तुम घर पर हो।

तुम्हें तो चाहिए था कि इस वक्त किसी सुंदर और सुशील 'ब्वॉय-फ्रेंड' के साथ—बाहर जाकर नाचना-खेलना-खाना—और मैं हमेशा उन्हें 'शट-अप' या 'डैडी, डोंट बी एबसर्ड' कहकर चुप करा देती। ...सच कहूँ तो घर लौटकर शाम को उनके लिए खाना बनाने, उनसे बातें करने से ज्यादा सुख कहीं और मिल सकता है, इसकी कल्पना तक मैं नहीं कर सकती थी। मेरी माँ जब जिंदा थी, तब भी मैं dbZu dbZM'kv ius *(व्यंग्य से)* प्यारे पिताजी के लिए बनाती...जो कभी-कभी मेरी माँ को अच्छा नहीं लगता था—लेकिन मुझे इससे बड़ी खुशी होती थी।

उषा : ऐसे आदमी के लिए मैं भी ऐसा ही महसूस कर सकती हूँ, रंजी!

रंजी : लेकिन अब मुझे लग रहा है कि मैंने कितनी बड़ी भूल की। उस धोखेबाज़ की बातों पर विश्वास कर!

प्रकाश : इस 'विश्वास' को न कोसिए, रंजी जी! कम ही होता है, पिता और बेटी का ऐसा प्यारा 'स्पेशल रिलेशनशिप'।

रंजी : वह सब धोखा-छलावा था...अब मैं समझ रही हूँ कि क्यों उस आदमी ने ज़बरदस्ती कर मुझे हिंदुस्तान भेजा! *(मुँह बनाते हुए कहती है)*—बेटी! तुम्हें हिंदुस्तान जाना चाहिए, अपने गाँव जाना चाहिए, अपने रिश्तेदारों से मिलना चाहिए, तुम्हें अपनी एशियाई सभ्यता-संस्कृति को वहाँ जाकर 'फर्स्ट-हेंड' देखना-महसूस करना चाहिए। तुम जिस माहौल में पल-बढ़ रही हो, वह मुझे बहुत पसंद है। पर भारत जाकर तुम अपने 'रूट'—अपनी जड़ को देखो, उसकी मज़बूती और कमज़ोरी को पहचानो और फिर क्या पता वहाँ कोई तुम्हें सचमुच मनचाहा लड़का मिल जाए...मुझे क्या पता था कि इन खूबसूरत ज़ज्बातों के पीछे उसका अपना स्वार्थ था।

प्रकाश : हर हिंदुस्तानी पिता, अपने यहाँ पैदा हुए बाल-बच्चों से यही चाहता है।

रंजी : हर हिंदुस्तानी पिता अपनी बेटी की दोस्त को 'प्रेगनेंट' नहीं कर देता, प्रकाश!

उषा : तुम सचमुच बहुत 'हार्ड' हो रही हो उन पर, उनकी मजबूरी को भी तो समझो...अभी जवान हैं...पत्नी मर चुकी है। अकेले हैं, मजबूर हैं।

रंजी : हऽऽऽ। मेरे पिता की 'मजबूरियों' का हर नाटक, उसका काम पर से लौटकर, थकान मिटाने वाला टेनिस का खेल जैसा है। उसे अपनी मज़बूरी को गेंद बनाकर हमारी तरफ उछाल देना आता है। वह दिल जीतने में माहिर आदमी है। जिस कोर्ट में गेंद फेंकेगा, 'स्कोर' करेगा।

उषा : देखो रंजी, समस्या तो यही है न कि तुम्हारे पिता ने तुम्हारी एक दोस्त...के साथ प्यार किया है। उसके साथ जिस्मी रिश्ता बनाया है और वह 'प्रेगनेंट' हो गई है। क्या यह दुनिया में पहली बार हुआ है।

रंजी : नहीं, इतना ही नहीं है। समस्या, जितना सोच रही हूँ, उतनी ही गहरी और दिल में आग लगा देने वाली लग रही है। जरा सोचो, कुछ महीने पहले अपनी दोस्त को मैं घर लाई। अपने आदरणीय डैडी से उसका परिचय कराया...और परिचय के बाद ही प्यारे डैडी ने उससे कहा, 'बैठो, क्या खाओगी?' फिर बोले, मैं रंजी को भारत भेज रहा हूँ। तुम भी छुट्टियों में उसके साथ जाओ न! हिंदुस्तान देख आओ, इस पर क्लेयर बोली थी, नहीं मिस्टर सूरज मेरे पास अभी इतने पैसे नहीं हैं। शायद अगले साल जाऊँ...मुझे हिंदुस्तान जाने की बड़ी इच्छा है...लेकिन तब तक आप मुझे भारत के बारे में सब बता दीजिए...जिससे वहाँ पहुँचकर उस माहौल से पूरी परिचित लगूँ...समस्या यही है कि क्लेयर ने मेरे सामने, मेरी आँखों के सामने अपना जाल 'डैडी' पर फेंका और मुझे यह भी याद है, जब मैं उनके लिए नाश्ता लेकर किचन से आई तो दोनों एक-दूसरे से सट-मिलकर हिंदुस्तान की तस्वीरें देख रहे थे, जैसे एक-दूसरे को पहले से काफी जानते हों। मुझे लगता है वे पहले से ही...

प्रकाश : मुझे लगता है रंजी जी, आपने उन्हें गलत समझा। आपके पिता ने मुझसे कहा कि वह क्लेयर से आपके हिंदुस्तान जाने के पहले कभी भी अकेले नहीं मिले। जब भी देखा आपके साथ देखा।

रंजी : हाँ, और एक-दो बार 'बेटी' भी संबोधित किया था, जब-जब मैंने उससे कहा कि क्लेयर मेरी बहन जैसी है। मैं हमेशा अपनी किसी दोस्त से उसे मिलाते वक्त 'डैडी' से यही कहती थी। अब सोच रही हूँ तो लग रहा है कि मुझे हमेशा भीतर-भीतर यह डर लगा

रहता था कि कहीं मेरी दोस्त मेरे पिता पर आकर्षित न हो जाए...और मेरे पिता जाल में फँस जाएँ मेरी किसी दोस्त के। मैं जानती थी मुझसे यह नहीं सहा जाएगा, क्योंकि मैं चाहती थी कि 'डैडी' मुझसे ज्यादा किसी को प्यार न करें। अब सोच रही हूँ, तो कह सकती हूँ कि मुझे उनका माँ के साथ प्यार की बातें करना भी कभी-कभी अच्छा नहीं लगता था। नहीं, उषा समस्या बहुत गहरी है। मुझे लग रहा है, उस ज़ल्लाद ने, उस 'डैडी' ने मुझे धोखा दिया है...और मैं इसका बदला लिए बिना नहीं रहूँगी।

प्रकाश : बहन-बेटी—ये सारे शब्द किस्म-किस्म से इस्तेमाल किए जा सकते हैं।

रंजी : नहीं! *(हँसकर)* मेरे प्रिय 'डैडी' का तो कहना था कि हम हिंदुस्तानी जब एक बार बेटी या बहन कहते हैं तो उसका अर्थ बहुत गहरा होता है। हम इन शब्दों की लाज रखने में विश्वास करते हैं। और अब देखो—उस निर्लज्ज ने क्या किया?

उषा : रंजी, जीवन का हर क्षण 'दो दुना चार' जैसा निश्चित नहीं होता। स्थितियाँ बदलती हैं। भावनाएँ बदल सकती हैं। मुझे ऐसे शब्दों की उलझनों में विश्वास नहीं। फिर क्लेयर तुम्हारी माँ की कोख से थोड़े ही जन्मी थी।

रंजी : उफ! जरा देखो—एक की उम्र अठारह साल, दूसरे की अड़तीस। बीस साल का फर्क। मेरी उम्र की, मेरी दोस्त, मेरी सौतेली माँ...मेरे 'डैडी' का प्यार जीतने वाली मेरी सौतेली माँ... *(फिर सिसक पड़ती है)* ओफ! मैं क्या करूँ उषा?

उषा : रंजी, मुझे आश्चर्य है कि तुम उनका सवाल उठा रही हो? उम्र कहाँ इस सब के बीच आती है। प्यार की कोई उम्र थोड़े ही होती है। यही तो तुमने मुझसे बार-बार पहले कहा था! फिर एक बात और न भूलो, रंजी! अकेलेपन की मार बहुत बुरी होती है। वह क्या-क्या नहीं करवा सकती। मुझे मालूम है, क्योंकि प्रकाश के आने के पहले मैं कितनी अकेली थी। मैं जानती हूँ, अकेलेपन का दर्द। और मैंने वह दर्द क्लेयर की आँखों में भी कभी-कभी देखा था। वह हमेशा अकेली रही है। उसके होंठों पर मैंने अकेलेपन की सैकड़ों बुदबुदाहटें देखी हैं, उसकी आँखों में वीराना देखा है।

क्या तुम्हें नहीं लगता कि तुम्हारे पिता ने उसे प्यार देकर उसके होठों की बुदबुदाहट को मुस्कान में बदल दिया हो...उसकी आँखों के वीराने में रोशनी ला दी हो...

रंजी : उषा, मेरा पिता कला नहीं जीता। वह सौंदर्य को भोगने में विश्वास करता है। मैं उसे जानती हूँ। जब भी वह किसी पेंटिंग को प्रदर्शनी में देखता तो तुरंत उसका दाम पूछता है और फिर यही कहता है 'क्या अच्छी लगेगी हमारे ड्राइंग-रूम में'। उसने क्लेयर की कमज़ोरी देखकर उसे अपने सोने के कमरे की एक पेंटिंग बना ली होगी और क्लेयर! वो मेरे पिता की कमज़ोरी का फायदा उठा-उठा कर खुशी से नाचती होगी! उसे क्या नहीं मिल रहा होगा मेरे पिता में 'ब्वॉय फ्रेंड' के साथ-साथ एक पिता भी...शानदार घर...बढ़ता हुआ धन...और मुझ जैसी...'टांट' करने, हँसने-मज़ाक उड़ाने के लिए एक लड़की।

उषा : नहीं, मैं यह नहीं मानती। पिछले हफ्ते क्लेयर मुझसे मिलने आई थी। रो रही थी...जानती हो, वह क्यों रो रही थी। वह दो कारणों से रो रही थी। एक तो वह इतनी खुश है आजकल कि उसे अपनी जिंदगी सार्थक लगने लगी है...उसे खुश होकर जीने और बहुत-कुछ करने का अब एक आधार...एक कारण दिखने लगा है। और दूसरी वजह उसके रोने की यह थी कि उसे मालूम है कि तुम इससे दुःखी होगी कि तुम्हें इस सब से बड़ी चोट पहुँचेगी।

प्रकाश : क्लेयर जब यह कह रही थी रंजी जी, तब मैं भी वहाँ था। और मुझे याद है उसकी आँखों का फटा हुआ दर्द। उसने हमसे कहा था, उसने आपको एक पत्र लिखा है, ज़ाहिर है जो आपको हिंदुस्तान में नहीं मिला। जिसमें उसने लिखा था कि मुझे विश्वास है, तुम्हारे पिता के जीवन में जो लाई हूँ, पिछले कुछ हफ्तों में, वह उन्हें पुनर्जीवित कर रहा है...तुम्हें शायद यह जानकर खुशी हो...

रंजी : ओह, मैं कुछ समझ नहीं पा रही हूँ। न मैं अपने को समझ पा रही हूँ। न उन दोनों को। न आप दोनों को...यह मेरी जिंदगी की सबसे बड़ी 'क्राइसेस' हो गई है। कितना बदल गया है आज मेरा पूरा संसार। कितनी खुश होकर...कितना सीख, महसूस कर हिंदुस्तान से लौटी थी...कितना कुछ कहना था, उनसे, ओफ क्या

हो गया...जिंदगी में? कहीं बहुत बड़ा विस्फोट हो गया है। मैं सचमुच अपने को बहुत 'ह्यूमिलियेटेड' बहुत ही रौंदा हुआ महसूस कर रही हूँ, उषा!

उषा : मैं समझ सकती हूँ। हम लोग न तो इस स्थिति की, न ही किसी व्यक्ति की वकालत कर रहे हैं। हमें तुम्हारा प्यार और तुम्हारे पिता की मज़बूरी यहाँ ले आई है, इसीलिए हम कह रहे हैं—नाराज़गी खत्म कर, तुम वास्तविक स्थिति का मज़बूती से सामना करो...और अपने पिता से मिलो, क्लेयर से बातें करो!

रंजी : उनसे मिलूँ...ओह...नो....मैं उनका मुँह भी नहीं देखना चाहती। ओह नो...अब यह घर मुझे अपना घर नहीं लग रहा है। मैं अब यहाँ नहीं रहूँगी। रही तो उन दोनों की हत्या कर दूँगी।

प्रकाश : नहीं, वह आप नहीं कर पाएँगी...वह कोई रास्ता नहीं, चूँकि यह आपका पहला रिएक्शन है, क्योंकि आपने अभी-अभी यह सुना, इसलिए आपके शब्दों में इतना गुस्सा है, इतनी घृणा है। ज़रा सोचिए, आपके अलावा दो और मन...दो जवान मन भी हैं। आप उनका फैसला अपनी तरह से नहीं कर सकतीं। यह न तो नैतिक है और न ही कानूनी। उन दोनों ने कोई जुर्म नहीं किया है, रंजी जी! इसे न भूलिए, वे दोनों स्वतंत्र व्यक्ति हैं। उन्होंने कोई जुर्म नहीं किया है।

रंजी : क्या इससे बड़ा भी कोई जुर्म हो सकता है कि अपनी बेटी को बाप धोखा दे!

उषा : यह दो दिलों का स्नेह-प्यार है, कोई जुर्म नहीं। और यहाँ मैं इतना जोड़ना चाहूँगी रंजी, कि वे दोनों तुम्हें सचमुच बहुत प्यार करते हैं। यह न भूलो। अपने मन के तराजू से सब-कुछ न तौलो। मैं सिर्फ इतना ही कहना चाहती हूँ कि कोई 'इरेशनल' कदम न उठाना...तुम मेरी बहन से ज्यादा मुझे प्यारी हो। तुम मेरे परिवार-जैसी हो...रंजी!

[रंजी सिसकने लगती है...उषा उसे अपनी बाँहों में घेर लेती है। उसकी पीठ थपथपाने लगती है...फिर रंजी की सिसकी धीरे-धीरे कम होने लगती है।]

प्रकाश : रंजी जी! एक सजेशन है। आज शाम कैसा हो, आप हम दोनों

और कुछ दोस्तों के साथ बिताएँ। हमारे घर पर ही खाना हो, फिर किसी शो को चलें।

[कुछ क्षणों की खामोशी]

रंजी : *(कुछ सँभलती हुई)* नहीं! आज मुझे अकेली छोड़ दीजिए। यह मेरे जीवन का सबसे बड़ा अंधड़ है। बहुत-कुछ उस टेलीफोन के आने के बाद बदल गया है। मुझे बहुत-कुछ सोचना है। बहुत-कुछ निश्चय करना है। यह सब मेरे लिए और कोई नहीं कर सकता। मुझे ही करना होगा।

उषा : आई एग्री। मैं समझ रही हूँ। यही अच्छा होगा।...अच्छा रंजी, हम जा रहे हैं। यहाँ से तुम्हें अपने दिल-दिमाग़ में लिए हुए जा रहे हैं। हमसे कुछ भी चाहिए तो भूलना नहीं, हम सिर्फ एक 'फोन-कॉल' की दूरी पर हैं। रंजी डियर! *(अपनी हथेली से रंजी का मुँह उठाकर उसकी आँखों में एकटक देखती हुई)* देखना! कोई ग़लत काम न हो जाए...कोई ग़लत कदम न उठे...सूरज अंकल तुमसे 'फेस-टु-फेस' बातें करने के लिए छटपटा रहे हैं...उन्हें इनकार नहीं करना। प्लीज़ रंजी, आई बैग यू...

[रंजी कोई जवाब नहीं देती। सिर्फ उन दोनों को जाते हुए देखती है। विदा देने को हाथ उठाती है और जब वे दोनों दरवाज़ा खोलकर कमरे से बाहर हो जाते हैं, तो वह धड़ाम से सोफे पर गिर पड़ती है। मुँह ढँक लेती है। फिर हथेली मुँह पर से हटाती है। एक उदास हँसी हँसती है...क्षण भर में उठती है। पिता की तस्वीर को उठाती है...कुछ क्षण देखती है। फिर पानी से भरी उस शीशी को उठाकर, खोलकर उसका पानी पिता की तस्वीर पर उँड़ेल देती है और शीशी को एक झटके से फर्श पर फेंक देती है, और पिता की तस्वीर को सोफे की दूसरी तरफ। फिर कुछ देर गहरा तनावभरा सन्नाटा रहता है। सहसा उसकी आँखों में फिर हल्के आँसू आ जाते हैं ...उसे पोंछती है...फिर बेहद उदासी के स्वरों में, हल्के स्वरों में गुनगुनाने लगती है–]

पनघट पर टूट रही नाव!
एकाकी नाव!

हाथ बढ़ा, बचा रहा कोई नहीं
जल-डोरी दिखा रहा कोई नहीं
लहर-लहर टूट रही सिर धुनती
तट को अब सजा रहा कोई नहीं!
आँधी में उजड़ रहा गाँव
तिनके-सा गाँव
पनघट पर टूट रही नाव
एकाकी नाव!

(धीरे-धीरे पर्दा गिरता है)

दृश्य : दो

[वही ड्राइंगरूम। वैसी ही रोशनी। रंजी सोफे पर घुटनों में सिर छिपाए बैठी है। उसने जीन और कमीज़ पहन रखी है! कुछ क्षणों में वह घुटनों से मुँह उठाकर धीरे-धीरे उठती है। पिता की तस्वीर की तरफ बढ़ती है। उसे उठाती है। देखती है। जैसे उछालकर फेंक देने को होती है। पर रुक जाती है। उसे सोफे के दूसरी तरफ फेंक देती है...कुछ क्षण खड़ी सोचती रहती है...और सोचकर फोन की तरफ बढ़ती है। रिसीवर उठाती है। उठाकर कुछ क्षण हाथ में लिए रहती है। फिर रख देती है। फिर उठाती है, और सात नंबरों को डायल करती है। पर ज्यों ही दूसरी तरफ घंटी बजने लगती है, कुछ सुनकर और कुछ सोचकर, रिसीवर रख देती है...कुछ खामोशी...फिर वह धीरे-धीरे दरवाजे के पास स्विच की ओर जाती है। बत्ती बुझा देती है...पर क्षण भर में पुनः जला देती है। अब वह दूसरी मेज की तरफ बढ़ती है। वहीं एक मोमबत्ती, लम्बी मोमबत्तीदानी में लगी रखी है। वह दियासलाई की काड़ी से उसे जला देती है। फिर दूसरे दरवाजे की तरफ लौटती है। स्विच ऊपर कर बत्ती बुझा देती है। अब कमरे में सिर्फ मोमबत्ती की हल्की-सी रोशनी है। वह धीरे-धीरे दीवार पर टँगे आईने के सामने खड़ी हो जाती है। अपने चेहरे को

उसमें देखती है। सराहती है। फिर अँगुली गालों पर रखकर कुछ टटोलने लगती है। जरा देर बाद आँखें बंद कर लेती है। जैसे भीतर से फूट-फूट कर रोना चाह रही हो, पर सँभलकर कुछ व्यंग्यभरी, कुछ चिढ़भरी मुस्कान मुस्करा देती है। मुस्कराते हुए भी वह पिता की सोफे पर पड़ी तस्वीर को सीधा कर सोफे पर खड़ा कर देती है, और दो कदम पीछे हटकर एकटक उस तस्वीर की तरफ देखती रहती है, फिर अचानक चिल्ला पड़ती है–]

रंजी : नंगापन! जहाँ देखो नग्नता। अनैतिकता के नंगेपन के अलावा कुछ शेष नहीं है, यहाँ पर। *(रुककर)* तो लो, मेरा जवाब! ओ शरीफ नंगेपन, यह लो मेरा जवाब!!

[हल्की मुस्कान फेंककर वह अपना हाथ पीठ पर ले जाती है, और अपने ब्लाउज के दोनों बटन खोल देती है। भीतर से चोली का सफेद फीता दिखने लगता है...फिर तेज आवाज़ से कहती है...]

नंगेपन! तो लो...यह लो...एक नंगेपन के आगे दूसरे नंगेपन को देखो। यह लो! अपने को संपूर्ण खोलकर, संपूर्ण उजागर करके, संपूर्ण जो हूँ, वह तुम्हें दिखाकर, मैं तुम्हें ललकार रही हूँ कि कितना बल है तुममें...कितना छल है तुममें...इतने वर्षों से जो तुमने, मुझे बाँध रखा है, कस रखा है, देखो, उसका बल...उस बल की आखरी कमज़ोरी को भी। आओ...आज तुम्हें ललकार रही हूँ, आओ, आज तुम्हारी मज़बूती को परखूँ! आज तुम्हारी कमज़ोरी को, तुम्हारी छोटाई को भी थाहूँ...आओ...

[वह कहते-कहते अपनी जीन के बटन को खोलकर, ज़िप खींचकर, जीन को नीचा करने लगती है, भीतर की सफेद जाँघिया दिखने लगती है, फिर जरा ठहर जाती है...]

रंजी : तुम पर प्रहार करूँगी, तो पूरी नग्न होकर। नग्नता ही नग्नता को मारती है...आज अपने को रोक नहीं सकती। बहुत गहराई से, बहुत सारी मज़बूरियाँ और बहुत सारी घृणाएँ और बहुत सारा नेह-छोह-दर्द-खीझ लेकर आज भीतरी लपटें उठ रही हैं। आओ...फैसले का दिन आज आ गया है...आओ, मैं तुम्हें ललकार रही हूँ, आओ...

[यह कहकर वह जीन को और नीचे ले जाने को होती है कि तभी

दरवाज़े पर खट-खट की आवाज़ होती है...वह सहम जाती है। झटके से जीन को ऊपर खींचकर ज़िप चढ़ा देती है और ब्लाउज का बटन बंद करने लगती है, और ऊँचे स्वर से पूछती है–]

रंजी : कौन है...?

[कोई उत्तर नहीं आता। सिर्फ एक बार और खट-खट की आवाज़]

रंजी : *(गुस्से से चिल्लाती है)* कौन है...?

[फिर दरवाज़े की ओर बढ़ने लगती है। तभी दरवाज़ा भीतर की ओर खुलता है। और पिता सूरज प्रवेश करते हैं।]

रंजी : *(चीख पड़ती है)* ओह तुम! चले जाओ, यहाँ से...मेरी आँखों से दूर हो जाओ...मुझे तुमसे घृणा हो गई है। मेरे आदरणीय डैडी! तुम यहाँ से चले जाओ...नहीं तो मैं तुम्हारी हत्या कर दूँगी...चले जाओ।

[सूरज, बिल्कुल स्तब्ध हो जाता है, और उसकी तरफ एक बेहद थके, निःसहाय, डरे व्यक्ति की तरह निर्निमेष देखता रहता है...]

रंजी : चले जाओ यहाँ से...मैंने कहा कि चले जाओ...

[वह गुस्से से पिता की तस्वीर को उठाकर लात मारने को होती है, तभी...]

सूरज : उसे क्यों मारने जा रही हो रंजी, मैं तो यहाँ खड़ा हूँ। मुझ पर प्रहार करो। मैं तो सामने हूँ। करो प्रहार! मारो लात, यही तो तुमने अभी तक नहीं किया है। आ गया है मौका! बढ़ो, आओ! अभी तक तो तुम्हारे शब्दों का, तुम्हारी बातों का ही हमला झेलता आया हूँ। आओ, मारो लात! करो प्रहार....

[वह उसकी तरफ हाथ उठाकर बढ़ने लगता है]

रंजी : नज़दीक मत आओ, मैं सचमुच तुम्हारी हत्या कर दूँगी। धोखेबाज़! पाखंडी! अब तुमने मुझे छुआ तो, उस मोमबत्ती से कर दूँगी भस्म।

[सूरज सहमकर, ठिठककर रुक जाता है। और फिर उसे आँखें फाड़कर एकटक देखने लगता है। रंजी मुट्ठी भींचकर होंठ कतरती खड़ी रहती है। सूरज आँखें बंद कर लेता है। उसकी आँखों से आँसू ढुलक पड़ते हैं। पर तुरंत अपने को सँभाल लेता है और मुट्ठी बाँधकर, साँस रोककर कहता है–]

सूरज : रंजी! मैं जा रहा हूँ। तुम्हें मालूम है कि तुम्हारे गुस्से के आगे मैं

टिक नहीं पाता। तो अब जा रहा हूँ। यही कहने आया था। अब इस घर से बाहर जा रहा हूँ। मैंने तुम्हारा पूरा प्रबंध कर दिया है। अब यह तुम्हारा घर है। मैं, जब तक तुम्हारी शादी नहीं हो जाएगी, तब तक पैसे भेजता रहूँगा...

रंजी : *(व्यंग्य से)* शा...दी! लड़की की शादी मर्द से होती है। और, मुझे पुरुष जाति से नफ़रत हो गई है...जितनी तुमसे...

सूरज : *(आवाज़ तेज़ कर)* तुम्हें इस प्रकार की बातें करने का कोई हक़ नहीं है। तुम आपे से बाहर होती जा रही हो। अभी तक मैंने तुम्हारी इज़्ज़त की है।

रंजी : तुमने कभी किसी लड़की की इज़्ज़त नहीं की है। न ही किसी का मान रखा है...तुमने सिर्फ अपना सोचा है।

सूरज : मैं फिर कह रहा हूँ। तुम्हें ऐसी बातें करने का कोई हक़ नहीं है। मैंने कोई जुर्म नहीं किया है। मैं जज़बातों की इज़्ज़त करने वाला इंसान हूँ। पर जब जज़बात ग़ैर-जिम्मेदारी की हद लाँघ जाता है, तो वह बेमानी हो जाता है। तुम अपने व्यवहार से बहुत चीज़ों को एक साथ निरर्थक बना दे रही हो...

रंजी : मैंने नहीं, तुमने सब कुछ बेमानी कर दिया है...

सूरज : देखो रंजी! मैंने ऐसा कुछ नहीं किया है जिससे अपने को अपराधी मानूँ। कोई कोर्ट मुझे अपराधी नहीं साबित कर सकता...मेरा मन साफ है। मैंने किसी को धोखा नहीं दिया है। लेकिन अगर तुम लोगों को हत्या करने की धमकी देती रहोगी तो भुगतना पड़ेगा। तुमने क्लेयर को धमकी दी है...उसके घरवालों को फोन किया है। तुम मुझे धमकी दे रही हो...तुम हो कौन, जो दूसरे के संबंधों को इस तरह उखाड़ देने पर उतारू हो गई हो। लोग तुम्हारे व्यवहार से चिंतित हो रहे हैं। आखिर, तुम्हें हो क्या गया है...मैं कहे दे रहा हूँ, अगर बदलोगी नहीं, तो पछताओगी!

रंजी : तो तुम मुझे धमकी दे रहे हो?

सूरज : नहीं, सिर्फ सावधान कर रहा हूँ। और, यह दुहरा रहा हूँ कि हमने कोई जुर्म नहीं किया।

रंजी : *(दाँत पीसते हुए)* जुर्म! तुम्हारी हविश जुर्म नहीं तो क्या है?

सूरज : *(उसे कुछ नफ़रत जैसी निगाह से देखते हुए)* छिः! मुझे नहीं पता

था कि मेरी बेटी इतना गिर जाएगी...इतनी छिछली हो जाएगी। मैं तो हर मसले पर तुमसे राय माँगने आता था। मैं तो समझता था कि तू औरत है...दुनियादारी के मामलों में ज्यादा तर्कसंगत है! यथार्थ को पहचानने से मुँह नहीं मोड़ती...और तू, जब समस्या आ पड़ी है तो इतनी कमज़ोर और सतही हो गई है...

रंजी : तुम चले जाओ...तुम्हारे सामने होने से मैं पागल हो जाऊँगी।

सूरज : मैं अपने जाने की ही सूचना देने यहाँ आया था। पर रंजना, मुझे भी कुछ कहना है...वह कहे बिना नहीं जाऊँगा।

रंजी : अच्छा, जल्दी से कहो...और चले जाओ...

सूरज : कहना यह है कि मैं बहुत अकेला आदमी हूँ। भीतर से कहीं बहुत टूटा हुआ और बेहद अकेला आदमी हूँ। मेरा तन-मन ज्यों-ज्यों उम्र होती जा रही है, बिल्कुल खोखला होता जा रहा है। बिना किसी आधार के उखड़ते पेड़ जैसा। और मेरे अकेलेपन की बात तुम जानती हो, क्योंकि तुम्हारी माँ के मरने के बाद, तुम्हीं हो जिसने मुझे आधार दिया है, प्यार दिया है। और तुम्हारे हर स्पर्श ने मुझे भीतर ताक़त दी है...

रंजी : *(व्यंग्य से)* और तुम्हें उसमें मज़ा आया है...

सूरज : *(चौंक कर)* क्या?

रंजी : कि तुमको उसमें मजा आया है। जब मैं तुम्हें, तुम्हारे उदास क्षणों में अपनी बाँहों में भरकर, अपनी छाती से लगाकर सांत्वना देती थी, तो तुम मुझे अंक में लेकर, मेरे शरीर को सहलाकर-छूकर सांत्वना के लिए धन्यवाद नहीं देते थे...मेरे जिस्म का, मेरी छुवनों का मज़ा लेते थे, मेरे शरीर को अपनी कल्पनाओं में भोगते थे...

सूरज : *(बिल्कुल हताश होकर)* क्या?

रंजी : हाँ! हाँ! हाँ!! मैं यही तब भी महसूस करती थी और अब तो बात बिल्कुल साफ हो गई है...वे अँगुलियाँ, वे गर्म होती हथेलियाँ...मेरे माथे और गालों को चूमना...

सूरज : *(चिल्लाकर)* बंद कर! चुप हो जा! नहीं तो गला घोंट दूँगा। बज्जात! तो तुझे यही लगता था...तो अब समझा। गुस्सा क्लेयर पर, और मुझ पर क्यों है? क्यों हो गई है इतनी नफ़रत हमसे? क्योंकि अपनी कल्पनाओं में जो तू पाती थी...वह अब क्लेयर पाती है। यही

है न? *(गंभीर होकर)* रंजी, मुझे नहीं मालूम था कि तू मुझे इस दृष्टि से देखती थी। मुझे नहीं मालूम था कि तू इतना गिरी हुई है। *(भर्राते हुए स्वरों में)* रंजी, तू बीमार है। तू सचमुच बीमार है...

रंजी : मैं नहीं, तू बीमार है।

सूरज : मैं? रंजी, जिसकी कहो, उसकी शपथ खाकर कह सकता हूँ। कहो तो गीता उठाकर दुहरा सकता हूँ कि मेरे मन में कभी यह विचार भूलकर भी नहीं आया। अरे तू मेरा अंग है। तू मेरे पुरुषत्व का फूल है...मैंने जब-जब उस फूल को छुआ, वह बिना किसी कल्मष के छुआ। सहज मन, सहज भाव से छुआ। रंजी, ईश्वर हमारा साक्षी है। मैं नहीं कह रहा हूँ, ऐसा होता नहीं। लेकिन मुझ पर पूरी तरह विश्वास कर, मैं वैसा नहीं हूँ। अगर वैसा कुछ मन में होता, तो तुमसे साफ-साफ कह देता। तू मेरे इतने नजदीक रही है। तुमसे छिपाता ही क्यों? फिर तू जानती है, झूठ मेरे चेहरे पर तुरंत स्पष्ट हो जाता है। मैं सच कह रहा हूँ रंजी, मेरे मन में ऐसा कोई भाव नहीं था, मैं तेरे मन की बात नहीं जानता।

[कहते-कहते उसके स्वर थक जाते हैं। उसके चेहरे पर एक अजीब करुणा स्पष्ट हो जाती है। जैसे फूट-फूट कर रोने को है...रंजी, उसकी तरफ एकटक देखती रहती है। उसके चेहरे का भाव बदलने लगता है। जैसे, वह पसीज रही है। गलती को महसूस कर रही है। पिता पर एक प्रकार की दया का भाव जाग रहा है ...वह अपनी हथेलियों से मुँह ढँक लेती है...और पीछे हटकर धम्म से, सोफे पर गिर जाती है। उसका चेहरा जैसे सफेद हो गया है।]

रंजी : ओह! यह सब क्या हो गया? क्यों हो गया यह सब? यह सब कैसे हो गया?

[सूरज सँभल जाता है। ताकत बटोरता है। एक गहरी साँस खींचकर साहस बाँधता है और सोफे के दूसरे कोने पर जाकर बैठ जाता है...कुछ क्षण दोनों तरफ एक ठंडी शांति]

रंजी : *(सिर पर हाथ रखकर)* ओफ! कैसे हो गया यह सब? क्यों हो गया?

सूरज : यह सब यों हो गया रंजी, कि काल का एक बहुत बड़ा थपेड़ा मुझ पर पड़ा था...तुम्हारी माँ के मरने के बाद। उसके चले जाने

से एक तरफ तो राहत मिली थी, लेकिन दूसरी तरफ जिंदगी का एक हिस्सा उजड़ भी गया था। मैं समझ ही नहीं पा रहा था कि मेरी पत्नी के मर जाने से मैं खुश हूँ या दुःखी...

रंजी : *(कुछ चौंकते हुए)* माँ के मर जाने से खुशी...

सूरज : रंजी, तेरी माँ एक बहुत काम्प्लेक्स, उलझी हुई औरत थी। मैं उसे कभी भी ठीक तरह से नहीं समझ पाया। मुझे तो उसके जीते हमेशा यह लगता रहा कि वह कहीं मुझसे नफ़रत करती है। वह शादी के पहले किसी के प्यार में थी। लेकिन उसके माता-पिता ने—जो बहुत अमीर थे, मुझसे उसकी शादी की। क्योंकि मैं इंग्लैंड में सफलता प्राप्त कर रहा था। उसने पता नहीं क्यों, अपने माता-पिता की जगह मुझे दोषी ठहराया। जब मुझे पता चला था तो मैंने बात चलाई, लेकिन उसने इस विषय पर बातें नहीं कीं। यही कहकर टाल दिया कि यह सब पुरानी बात हो गई हैं। लेकिन जब से उसे पता चला कि मैं उसके बारे में यह जान गया हूँ, वह मुझसे दूरी बढ़ाने लगी। तुम जानती हो, जब औरत 'डिस्टेंस' पैदा कर देती है, तो उससे बड़ी दुख देने वाली चीज़ कुछ नहीं होती। पुरुष अपनी आँखों में, अपने को कोढ़ी महसूस करने लगता है...

रंजी : इसीलिए उनके बर्ताव में, जब हम तीनों साथ होते तो कभी-कभी खोखलापन दिखता था...एक अजीब ऊपरीपन...

सूरज : हाँ, लेकिन वह तुम्हारे सामने असलियत को छिपाती थी। क्योंकि वह तुमसे डरती थी। उसका 'टेम्पर' बहुत खराब था और तुम्हें भी उसका 'टेम्पर' मिला था। इसीलिए तुम्हारे सामने 'सीन' नहीं खड़ा करना चाहती थी। उसे मालूम था कि तुम मेरा पक्ष लोगी। लेकिन जहाँ तक मेरा सवाल था, वह जानती थी कि औरत के गुस्से से—उसके नंगे-क्रोध से मैं बहुत घबराता और डरता हूँ। उसने मेरी कमजोरी पकड़ ली थी। और कभी भी 'वार' करने से चूकती नहीं थी। ख़ासकर जब हम मित्रों के बीच में होते। वह हमेशा मुझे छोटा दिखाने की कोशिश करती। उसकी निगाह में मैं कोई भी काम, छोटे-से-छोटा काम, ठीक तरह से नहीं कर सकता था। वह मुझे 'क्रिटिसाइज़' किए बिना नहीं रह सकती थी। लेकिन जो व्यक्ति दूसरों को कसता है, वह एक दिन खुद भी कस जाता है।

और यही हुआ, उसका निरंतर क्रोध, कटुता, टेम्पर उसे भीतर ही भीतर खाता चबाता गया। और अंत में, बीमारी बनकर, कैंसर बनकर, उसे खत्म कर गया। आज यह सब तुमसे इसलिए खुलकर कह रहा हूँ कि मेरा-तुम्हारा संबंध एक ज़हरीले बिंदु पर पहुँच गया है। चूँकि वह मुझे बेतरह परास्त कर देती थी, अपने प्रहारों से, अपने तैश, अपने गुस्से से...मेरे लिए दो ही रास्ते थे। या तो मैं उससे अलग हो जाता, जिसकी मुझमें हिम्मत नहीं थी...या कोई ऐसा आधार खोजता, जो मुझे इस निरंतर घुटन से निकाल दे। शांति दे! तो तुम्हीं मेरी शांति हो गईं! मैं जब-जब भीतर से पिट जाता था...होठ चबा-चबा कर रह जाता था, तब तुम्हारी छाया में...अपनी बेटी के प्यार की छाया में, आकर शांति पाता था। मैं इतना झुकने लगा था तुम्हारे कंधों पर कि तुम्हें ग़लतफहमी होना स्वाभाविक था...और वास्तविकता तो यह है कि मैं असाधारण समयों में स्त्री को 'फेस' करने में बड़ा कमज़ोर आदमी हूँ।

रंजी : ओफ! *(वह अपना हाथ बढ़ाकर, पिता का हाथ पकड़ लेती है)*

सूरज : रंजी! तुम कभी नहीं जान पाओगी कि मेरे उन कमज़ोर और बेहद अकेलेपन के क्षणों में तुमने मुझे कितना दिया। एक बेटी के रूप में ही नहीं...कहीं बहुत गहरे मित्र के रूप में। जब-जब मैं तुम्हारा हाथ पकड़कर, अकेले किसी बगीचे में घूमता या यहाँ इस सोफे पर तुमसे सटकर बैठकर तुम्हारे गले में बाँह डालकर बातें करता, तो मुझे लगता कि मेरी दुनिया में कोई अभाव है ही नहीं...मुझे और चाहिए ही क्या? और, मेरे इस स्वार्थी व्यवहार ने कितनी ग़लतफहमी पैदा कर दी तुम्हारे मन में?

रंजी : सिर्फ ग़लतफहमी?... *(फिर एकाएक बात बदलते हुए)* तो क्लेयर से शादी कब हो रही है?

सूरज : अभी तारीख़ तय नहीं की है। क्लेयर तुम्हें बहुत प्यार करती है, रंजी!

रंजी : मेरा क्या होगा?

सूरज : जैसा तुम चाहोगी, वैसा ही होगा! तुम चाहोगी तो हम यहाँ तुम्हारे साथ रहेंगे। यह घर तुम्हारा है। जब से तुम्हारी माँ मरी, तुम्हीं इस घर की मालकिन रही हो। तुम्हारी पूरी पढ़ाई-लिखाई के खर्च

का पूरा जिम्मा तो मेरा है ही। तुम जितना मेरा प्यार हो...उतनी ही जरूरी और खुशियाँ भरी जिम्मेदारी। तुम मेरा अंग हो। मैं जब तक तुम पराये घर नहीं चली जातीं, तुम्हारे साथ रहना चाहूँगा। क्लेयर, मैं फिर दोहारा रहा हूँ, तुम्हें बहुत प्यार करती है। वह भी तुम्हारे साथ रहना चाहती है।

[कुछ क्षणों की खामोशी]

रंजी : मुझसे नाराज़ तो नहीं हैं न?

सूरज : *(कुछ मुस्कराकर)* कुछ हूँ! लेकिन वह नाराज़गी, अभी ख़त्म हो सकती है।

रंजी : *(एकटक सूरज की आँखों में देखते-पूछते हुए)* वह कैसे?

सूरज : दो बातों से। तुम्हें याद है, जब हम एक-दूसरे से नाराज़ होते थे, तो बात बदलने के लिए कहानियाँ कहना शुरू कर देते थे। तो आज भी कोई कहानी शुरू करें। *(कुछ सोचकर)* अरे, तुम्हें तो लंबी कहानी मुझसे कहनी है। अपनी भारत की यात्रा की...और हाँ, उस सर्पधार की विशेषकर, जिसके पाटे जाने की वहाँ बात हो रही थी और जिसके बारे में तुमने लिखा था कि उसका पानी यहाँ ले आने वाली हो...

रंजी : भारत की यात्रा की एक डायरी आपके लिए लिखी है। वह तो अभी दूँगी। सर्पधार वहाँ पटकर ही रहेगी। मैंने उसका पानी यहाँ लाकर फेंक दिया है...मेरे लिए सर्पधार मिट चुकी है...

सूरज : *(क्षण भर खामोश रहकर)* तो मुझमें खुशी भर देने के लिए दूसरी चीज़ तो तुम कर ही सकती हो...वह है दो शब्दों का उच्चारण। वह कर दो रंजी...वे दो शब्द हैं–'पिता जी'!

रंजी : *(हल्की मुस्कान के साथ)* पिता जी ।

सूरज : *(अपार हर्ष से, आह्लाद से, रंजी को अपनी बाँहों में बढ़कर भर लेता है)* रंजी, मैं सचमुच तुम्हें बहुत प्यार करता हूँ, रंजी! सचमुच!!

[रंजी सूरज की दोनों हथेलियों को खींचकर अपनी मुट्ठियों में भर लेती है और पिता के निकट आकर उसकी आँखों में मुस्कराती हुई, एकटक देखने लगती है...]

(पर्दा गिरता है।)

तमाचा

[मंच एक शिक्षित मध्यवित्त परिवार का बैठकखाना। कोई ख़ास सज्जा नहीं। दो-तीन कुर्सियाँ/एक मेज़/एक तख्त जिस पर एक मसनद है। जब पर्दा उठता है तो कोई सत्ताईस-अट्ठाईस वर्ष की एक शिक्षित और दबंग-सी महिला जैसे खूब डूबकर साप्ताहिक अख़बार पढ़ती होती है।]

एक पुरुष : *(बाहर से, ऊँचे स्वरों)* अरे कोई है घर में? *(कोई जवाब न सुनकर)* कहाँ गए सब? *(आवाज़ और ऊँची करके)* मैंने पूछा, अरे है कोई घर में...या सब मायके वग़ैरह चले गए...

कमरे में बैठी स्त्री *(बैठे ही बैठे)* अरे क्यों चिल्ला रहे हो। क्या जानते नहीं हो, कि मैं यहाँ बैठी हूँ हमेशा यहीं होती हूँ। आज हो क्या गया है तुम्हें, जो आते ही बाहर से चिल्लाने लगे।

[पुरुष दरवाज़ा खोलकर अंदर आते हुए]

पुरुष : चिल्लाऊँ क्यों नहीं? घंटों से दरवाज़ा खटखटा रहा...कोई जवाब तक नहीं...खुद अपनी चाभी से दरवाज़ा खोलना पड़ा...

स्त्री : घंटों से...दरवाज़ा खटखटा रहे हो। घंटों पहले तो तुम दफ्तर रहे होंगे। और...खुद अपनी चाभी से दरवाज़ा खोलकर भीतर आना पड़ा तो चिल्लाने लगे। अरे कौन-सी बड़ी बात हो गई चाभी होती किसलिए है। *(नकल करती हुई)* अरे कोई घर में है...कहाँ चले गए सब। *(ज़रा रुककर)* जैसे मैं मर गई...जैसे यह घर...

पुरुष : *(बात काटते हुए)* अरे भद्र महिला! घर घर होता है। घर और होस्टल में फर्क यह होता है कि घर में अपनी चाभी से दरवाज़ा

खोलकर नहीं आना पड़ता। उम्मीद होती है कि कोई अंदर से आकर दरवाज़ा खोलेगा...हाथ का झोला थाम लेगा...

स्त्री : झोला? तुम और झोला। आख़िरी बार कब तुम हाथ में झोला थैला लेकर घर लौटे थे...ज़रा याद करो। मैं तो हमेशा से यही देखती आई हूँ कि तुम हाथ झुलाते बाहर जाते हो, और वैसे ही वापस लौटते हो। और वह साइकिल...

पुरुष : हाँ एक वक्त था कि मेरे दरवाज़े के सामने साइकिल से उतरते ही तुम साइकिल को थाम लिया करती थीं। और अब...

स्त्री : कहे जाओ...कि अब साइकिल थामने नहीं दौड़ती। रुक क्यों गए। कह दो मैं पूरी तरह बदल गई हूँ...

पुरुष : अरे क्यों बात को आगे बढ़ा रही हो। आज मैं झगड़े के मूड में नहीं हूँ...बिल्कुल नहीं हूँ...उकसाओ मत।

स्त्री : तो अब मैं उकसाने लगी। चिल्ला तुम रहे थे। आते ही शिकायतें करनी तुमने शुरू कीं। आखिर आज बात क्या है। क्यों इस तरह मूड ख़राब करके घर लौटे हो। क्या काम से नोटिस तो नहीं मिल गई।

पुरुष : देखो नीति! ऐसी बेकार-फालतू बातें नहीं किया करते। तुम्हारी ज़बान अपशकुन उगलती है।

स्त्री : अपशकुन।

पुरुष : हाँ-हाँ, अपशकुन। दफ्तर में यों ही आजकल डर का धुआँ फैला हुआ है। कटौती-छँटनी की बात हो रही है। अगर मैं उसमें आ गया तो भूखों मर जाएँगे सब...

स्त्री : अरे क्यों बात का बतंगड़ खड़ा कर रहे हो। मैंने तो एक बात कही थी। वह यों ही मुँह से निकल पड़ी थी...क्यों उसे अपने मूड की तरह बना रहे हो। फिर दफ्तर से छँटनी हो गई तो कौन-सा पहाड़ टूट पड़ेगा। कलम घिसाई से पैसे ही कितने मिलते हैं। फिर इस शहर में रखा ही क्या है। किसी बड़े शहर चले चलेंगे। कुछ नहीं तो साइकिल की मरम्मत की एक दुकान खोल लेना...तुम्हारी हॉबी जो है वह।

पुरुष : साइकिल की मरम्मत की दुकान। तुम्हारा दिमाग़ फिर गया है। क्या? क्या तुमने कभी साइकिल चलाई है। क्या कभी तुम्हारी

साइकिल के पहिए की ट्यूब में पंचर हुआ है। क्या कभी तुमने किसी साइकिल वाले की दुकान पर जाकर पंचर पर जोड़ लगवाए हैं? क्या तुमने महसूस किया है कि कड़कड़ाती धूप में जो सूखकर आधा जलकर पंचर बनाता है उसे चंद रुपयों के लिए कितना कुछ करना, सहना पड़ता है।

स्त्री : क्या तुम्हें यह महसूस हुआ है कि चंद रुपयों के लिए तुम्हें एक प्राइवेट धंधे वाले व्यापारी के काले खाते के लिए कितना उलटा सीधा दर्ज करना पड़ा है इन तीनों सालों में। क्या तुमने कभी यह भी अनुभव किया है कि तुम उसके दफ्तर में काम करते हो...उसके निजी नौकर नहीं...जो तुम्हें वह अपनी दावतों में ह्विस्की और ठंडाई सर्व करने के लिए बुलाता है यह कहकर कि इस दावत के तुम्हीं स्वागताध्यक्ष हो...

पुरुष : चंदन मेरा मालिक ही नहीं...मेरा दोस्त भी है।

स्त्री : अगर वह दोस्त है तो उसके मुँह के सामने उसे चंदन कहकर क्यों नहीं संबोधित करते...'सर' क्यों कहते हो। अगर वह तुम्हारा दोस्त है तो जिन दावतों में तुम स्वागताध्यक्ष बनाए जाते हो, और उस पर से ह्विस्की में सोड़ा मिलाते हो, और अतिथियों के आगे पेश करते हो वहाँ, तुम्हारा दोस्त, मुझे—एक दोस्त की बीवी को क्यों नहीं बुलाता...

पुरुष : पहले तो बुलाता था...तुमने ही...

स्त्री : पहले मुझे इसलिए बुलाता था कि दावतों में मैं उसकी रसोई में जाकर उसकी नौकरानियों का हाथ बँटाऊँ, दावती खानों के बनाने में मदद करूँ।

पुरुष : तुम विदेशी औरतों जैसी बातें करती हो। इस देश में जब औरतें दावत पर जाती हैं तो हाथ बँटाती हैं।

स्त्री : देखो...हाथ बँटाना एक बात होती है। हाथ बँटाने के नाम पर आज्ञा देना कि यह करो...वह करो...अरे ज्यादा मिर्च क्यों डाल दिया जैसी बातें सुनाना दूसरी...तुम सह सकते हो, मैं नहीं। इसीलिए मैंने उसके यहाँ जाकर उस दिन कुछ न करने से इनकार कर दिया था...नतीजा क्या हुआ...उस बदमाश ने मुझे बुलाना छोड़ दिया। जानते हो इस देश में परेशानियों का सबसे बड़ा कारण

क्या है? वह यह कि यहाँ सब मुफ्त काम कराना चाहते हैं। हिंदुस्तानी मुफ्तखोर होता है। उसका ध्येय होता है कि बिना पैसा खर्च किए कितना और कैसे अपना काम बना सके। बिना एक धेला खर्चे कैसे अपना उल्लू सीधा कर सके।

पुरुष : तुम्हारा वह दूर का रिश्तेदार जो इंग्लैंड में रहता है, उसकी बातें सुन-सुन कर तुम ऐसी बातें करने लगी हो कि जैसे तुम इस देश की हो ही नहीं।

स्त्री : अच्छा। तो, अब मैं इस देश की नहीं रही। दो साल पहले तक तो तुम्हीं हर वक्त रूस, अमरीका, इंग्लैंड की बात करते थे। *(रुक कर कुछ व्यंग्य से)* मुट्ठी बाँध हाथ उठाकर 'शोषण करने वालों के साथ हमें वही बर्ताव करना होगा जो लेनिन ने ज़ारों के साथ किया', 'एक दिन हिंदुस्तान के पिसते हुए लोग शोषकों के ख़िलाफ़ वही करेंगे जो आयरिश अंग्रेजों के साथ करते हैं, अमरीका के काले लोगों की स्थिति भारतीय गरीब लोगों जैसी है।' मेरे पति महोदय, जब, तुम मुझे मार्क्सवाद की खट्टी-मीठी लस्सी पिलाया करते थे। जब, क्रांति का शोरबा चखाया करते थे...तो विदेशों की बातें मैं नहीं बोलती थी...श्रीमान आप बोलते थे...

पुरुष : देखो नीति। हम पति पत्नी हैं। हम न तो इस देश को बदल सकते हैं। न दुनिया का कोई ठेका उठा सकते हैं। हमारे आपस की बातों में इस तरह की बेकार बातों की कोई गुंजाइश नहीं। हमारी छोटी-सी दुनिया है। वह टूटे नहीं, बनी रहे...हमारे लिए यही जरूरी है। न कि कहें अंग्रेज अमरीकी बात।

[वातावरण में क्षण भर खामोशी फिर पुरुष एक कुर्सी खींच कर बैठ जाता है।]

स्त्री : चाय लाऊँ?

पुरुष : *(व्यंग्य से)* चाय...घर आते ही गरम-गरम चाय...एक दो बिस्कुट...समोसे पत्नी के हाथ से मिलेंगे...
...अरे वह सब ख़त्म हो चुका है...वे सपने थे, सपने टूट चुके हैं।

स्त्री : *(उत्तेजित होकर)* बंद कर दो इस तरह की बातें। ये सारे नाटक तुम्हारे इस डूबते हुए इंसान की आख़िरी शिकायत वाले लहज़े से

मेरा जी भर चुका है...सपने...मुझे कुरेदो मत...सपने मैं भी बहुत लेकर आई थी...एक-एक कर तुमने तोड़े हैं।

पुरुष : मैंने तोड़े हैं। क्या कहा? मैंने तोड़े हैं? मैंने क्या ऐसा किया जिससे तुम्हारे सपने टूटे हैं?

स्त्री : सपने उससे नहीं टूटे जो तुमने किया। सपने उससे टूटे हैं जो तुमने नहीं किया। सिर्फ ऐंठ पर जिंदा रहने से सपने बचे नहीं रहते। जब मैं आई थी तब भावुक थी।

पुरुष : तुम भावुक थीं...

स्त्री : हाँ, हाँ मैं भावुक थी। तुम जो करते थे अच्छा लगता था। तुम जो भी करते थे उसमें मुझे अपना साझीधार, एक अंश मानते थे।

पुरुष : हाँ वैसा करता था वह मेरी सहज प्रवृत्ति थी। पर एक स्थिति ऐसी आ गई कि वह तुम्हारी अपेक्षा बनने लगी। जहाँ तुम अपने को नहीं पातीं, जहाँ तुम्हें अपनी 'इम्पॉर्टेंस' का आभास नहीं मिलता, वहाँ मेरा कुछ भी किया-धरा तुम्हारे लिए बेमानी होता...

स्त्री : *(जैसे अनसुनी करती हुई)* उन दिनों तुम जो लिखते थे, उसे सबसे पहले मुझे ही सुनाते थे। जब वे प्रकाशित होती थीं तो एक खिलौना पाए बच्चे की तरह सबसे पहले मेरी ओर दौड़े आते थे, दिखाते थे। जब रचनाएँ अस्वीकृत लौट आती थीं, तो तुम्हें जो दुख होता था वह मुझसे कहते थे। अब...कुछ छप गया तो चुपचाप फाइल में रख देते हो। नहीं छपा तो चुपचाप फाइल में रख देते हो। नहीं छपा तो ऊपर शेल्फ पर। मैं बगल में खड़ी होती हूँ। पूछती हूँ। बाँटने की कोशिश करती हूँ तो तुम हाँ-ना में उत्तर देकर बात को खत्म कर देते हो। जानते हो तुम ऐसा करके क्या करते हो...मुझे भीतर से तोड़ते हो। मुझे लगता है कि तुम मुझसे किसी चीज़ का बदला ले रहे हो।

पुरुष : मैं तुमसे बदला किसी चीज़ का नहीं लेता। मैं एक ऐसी बिंदु पर पहुँच गया हूँ कि जहाँ हँसी खुशी या रंज-ग़म मुझे पहले जैसा नहीं छूता। अगर कोई चीज़ छप जाती है, तो छप जाती है। नहीं छपती है, तो नहीं छपती। अब मुझे कहीं कुछ नवीनता, कोई 'नावेल्टी' नहीं लगती। यह मेरी विवशता है। यह मेरी समस्या है। इसे मैं भीतर ही भीतर सुलझाने की कोशिश कर रहा हूँ। तुम्हें अपनी

आग में क्यों घसीटूँ।

स्त्री : अच्छा हुआ जो तुमने यह नावेल्टी की बात उठाई। यही तो भारी समस्या हो गई है। वह तुम्हारे लिए ही नहीं। हम दोनों के संबंधों के लिए भी।

पुरुष : तुम्हारा क्या मतलब...?

स्त्री : तुम्हें मालूम है। मेरा क्या मतलब है...

पुरुष : तुम मुझ पर बहुत गहराई से वार कर रही हो।

स्त्री : *(कुछ रुककर)* प्यार के कितने सारे सपने लेकर आई थी।

पुरुष : नीति! तुम्हारे प्यार के सपने मैंने जानकर कभी नहीं तोड़े। अगर कुछ टूटे तो विवशता से टूटे हैं...

स्त्री : तुम कोई बूढ़े आदमी नहीं हो।

पुरुष : नहीं शरीर से नहीं। न मन से। परिस्थितियाँ ऐसी आ जाती हैं हमारे बीच कि मैं दोनों तरफ से बूढ़ा महसूस करने लगता हूँ। और जब ऐसा महसूस करता हूँ तो तुम मुझे किसी प्रकार से सहारा नहीं देतीं...मुझे लगता है कि मुझे कहीं दोषी करार कर रही हो।

स्त्री : मैं तुम्हें दोषी कभी नहीं करार करती...

पुरुष : यह तुम ग़लत कह रही हो। *(उत्तेजित होकर)* यह सरासर झूठ है। तुम हर वक्त मुझे दोषी ठहराने में विश्वास रखती हो। जो भी मैं करता हूँ तुम्हें वह कभी ठीक नहीं लगता। कुछ भी करूँ, लगता है तुम्हें संतुष्टि इससे नहीं मिलती है। तुम जब भी मेरी ओर देखती हो तो महसूस होता है कि तुम मेरी आलोचना करने को हो।...कि मैं कुछ ग़लत करने जा रहा हूँ...ग़लत कर रहा हूँ।

स्त्री : यह तुम्हारी कमज़ोरी का परिचायक है।

पुरुष : *(कुछ रुककर)* सपने टूटे हैं। तुम कह रही थीं न कि तुम्हारे सपने टूटे हैं उससे जो मैंने नहीं किया है। मेरे भी कुछ सपने थे। बहुत बड़े नहीं। सहज...बिल्कुल सीधे-सादे...कि बिना किसी उलझन, बिना किसी ज़ोर दबाव के, बिना किसी तनाव के एक सीधा-सादा पति-पत्नी का रिश्ता जीने का।

स्त्री : क्या तुम कहना चाह रहे हो कि मैं तुम्हें प्यार नहीं करती।

पुरुष : सहज प्यार वह होता है जो बिना किसी ज़ोर-दबाव के एक निर्मल धार की तरह बहता है। तुम्हारे प्यार का महत्त्व उसमें होता है

जो तुम्हारे प्रभुत्व में होता है आकार लेता है, जो तुम्हारी 'डिजाइन' में फिट होता है। जो तुम्हारी मनमुताबिक होता है। तुम यह नहीं कहतीं कि ऐसा करो...वैसा करो...मैं नहीं कह रहा कि तुम आज्ञा देती हो...मैं यह जरूर कहना चाहता हूँ कि तुम बिना कुछ कहे अपनी आँखों से कुछ ऐसा कहना चाहती हो जो लगता है, हर वक्त लगता है, कि मुझे कहीं छोटा कर रहा है।

जानती हो मुझे ऐसा क्यों लगता है? क्योंकि तुम हर वक्त मुझ पर अपना प्रभुत्व जमाना चाहती हो।

स्त्री : मैं जानबूझकर ऐसा नहीं करती। अगर कुछ ऐसा हो जाता है तो वह तुम्हारी कमज़ोरी के कारण। औरत अपने को एक पुरुष के द्वारा 'डॉमिनेंट' होना पसंद करती है। क्योंकि ऐसा 'डॉमिनेशन' उसके अहं को छोटा नहीं करता, उसे सजाता है। तुम मेरे अहं को सजाते नहीं। तुम्हें लगता है 'पोलाईट' होना हमेशा एक अच्छी बात होती है। अकड़ना ग़लत है। तुम्हें सहना एक गौरवपूर्ण चीज लगती है। तुम अपनी कमज़ोरी को शान समझते हो। तुम्हें लगता है कि जो पिटता है, उसी में सही आत्मबल होता है। जो ग़रीब है, वह भीतर का धनी है। मेरे लिए यह सब प्रागूऐतिहासिक मानवीय स्थिति का झलक देती है।

पुरुष : मैं तुम पर प्रभुत्व नहीं जमाना चाहता। मैं सहज प्रेम में विश्वास करता हूँ। जो चीज़ मुझे छूती है वह स्पष्ट रूप से प्रकट करता हूँ। कहता हूँ। रोब झूठ के सहारे डाला जाता है। मुझे मालूम है औरत वह चाहती है। क्योंकि औरत को सीधा-सादा, बिना उलझन का सब कुछ 'यों ही' जैसा लगता है। लेकिन मैं वैसा नहीं कर सकता। मैं उलझाने से इसलिए भागता रहा हूँ कि मुझे लगता है कि जो उलझनों में अपना किसी प्रकार का 'रोल' पाते हैं वे भीतर से कहीं आधारहीन होते हैं। कुछ लोगों का 'अहं' चालित ही उसी समय होता है जब वो अपने को उलझनों या हमलों के बीच पाते हैं।

स्त्री : *(कुछ देर चुप रह कर)* हम कहीं टूट रहे हैं। हमारे संबंधों को कहीं कोई कीड़ा कुतरने लगा है।

पुरुष : मुझे लगता है, अभी भी देर नहीं हुई है। अगर हम जीवन के सारे

नाटकों की मिट्टी को झाड़कर, सहज रूप से जीवन जीना शुरू करें। हम पति-पत्नी हैं नीति। हमें एक-दूसरे पर रंग जमाने की ज़रूरत नहीं। हम एक-दूसरे को बाहर-भीतर से समझते-जानते हैं। हमें एक-दूसरे को 'इम्प्रेस' करने की क्या ज़रूरत...

स्त्री : मैं बहुत थक गई हूँ। अब आगे नहीं बोल पाऊँगी...

[कुछ देर बेहद तनाव भरी खामोशी]

कुछ पीएँगे?...चाय लाऊँ।

पुरुष : नहीं। हाँ...एक गिलास पानी।

[स्त्री भीतर जाती है। पुरुष मुट्ठियाँ कसता हुआ खड़ा हो जाता है। जैसे अपने क्रोध को पीने की कोशिश कर रहा हो। क्षण भर में ही स्त्री का पुनः प्रवेश। वह एक गिलास पानी का लेकर लौटती है, और पुरुष को दे देती है। वह उसे एक साँस में गटागट पी जाता है। फिर धीरे से गिलास को तख्त पर रखकर बैठ जाता है। औरत भी अपनी कुर्सी में धँस जाती है कुछ देर चुप्पी]

स्त्री : *(वातावरण को हल्का बनाते हुए, हल्की मुस्कान के साथ)* क्या बात है, सच-सच बोलो क्या हुआ आज जो इतने बुरे मूड में घर लौटे...क्या आज वह नहीं दिखी।

पुरुष : *(चौंककर)* कौन? *(उत्तेजित होकर)* कौन? बोलो कौन?

स्त्री : *(बिल्कुल ठंडे भाव से)* वही पान के दुकान के सामने वाली।

पुरुष : सामने वाली?

स्त्री : सामने के मकान वाली।

पुरुष : सा...म...ने...के...मकान वाली? कौन, किसकी बात कर रही हो।

स्त्री : वही जिसकी झलक पाने के लिए, दफ्तर से लौटते वक्त पास की दुकान पर ठीक छः बजे इंतज़ार करते हो।

[खामोशी]

पुरुष : *(कुछ पिटा सा)* तुम्हें कैसे मालूम।

स्त्री : *(कुछ मुस्कराकर)* मेरे खुफिये हर जगह फैले हुए हैं।

पुरुष : किसने बताया...? बोलो कौन है वो?

स्त्री : वह मैं नहीं बताऊँगी।

पुरुष : तुम्हें मेरी...

स्त्री : *(बात काटते हुए)* नहीं, केशव। कसम नहीं खिलाते। तुम जानते

हो वह मैं नहीं बताऊँगी। तुम जानते हो जो मैं नहीं बताना चाहती वह तुम कभी मेरे पेट से नहीं निकलवा सकते।

पुरुष : बता दो मुझे नीति। मैं उस शख़्स की खाल खींच लूँगा। किसी ने मुझे धोखा दिया है।

स्त्री : तुम क्यों इतने उत्तेजित हो रहे हो केशव। मैं शिकायत थोड़े ही कर रही हूँ। मुझे उससे कोई दृष्टि-जलन थोड़े ही है। मैं तुम्हें जानती हूँ तुम लेखक हो केशव। तुम्हारे जीवन में ऐसा कुछ होना आवश्यक है। तुम्हारे सामने अगर ऐसी कोई मरीचिका नहीं रहेगी तो तुम लेखक ही नहीं रह पाओगे। ख़त्म हो जाओगे। मुझे मालूम है यह तुम्हारी, तुम्हारी ही क्या तुम जैसे लगभग सभी लोगों की मजबूरी है। तुम्हारे जीवन में ऐसा कुछ नहीं हुआ तो तुम अपने को तिरस्कृत उपेक्षित जैसा समझने लगोगे।

पुरुष : यह सब जिसे मैं इतने दिनों से छिपाए रहा, आज इतने शांत भाव से मुझसे कहे जा रही हो? बिना किसी नाराज़गी के...बिना किसी शिकायत के...

स्त्री : हाँ, मेरे लिए तुम्हारे इस संबंध से कोई फ़र्क़ नहीं पड़ता। मैं जानती हूँ—यह तुम्हारी मज़बूरी है केशव। मैं तो इसे तुम्हारी शक्ति भी मानती हूँ। तुममें एक से ज्यादा को प्यार करने की शक्ति है। मुझे इससे कोई झगड़ा नहीं। किसी की ताक़त को कम करना, पंछी के परों को काट देने जैसा होता है।

पुरुष : लेकिन, नीति, मेरा उसका कोई संबंध नहीं है।

स्त्री : *(शांत-भाव से)* मुझे मालूम है। मुझे अच्छी तरह मालूम है। वह तुम्हारी प्राप्ति नहीं है। वह तुम्हारे लिए एक मरीचिका से ज्यादा कुछ नहीं है...हो ही नहीं सकती। मुझे मालूम है कि तुमने उसे कभी पूरा देखा भी नहीं है। देख भी कैसे सकते हो। वह तो बस खिड़की पर आती है। ठीक समय पर पंद्रह-बीस मिनट खड़ी रहकर सूख रहे कपड़ों को इकट्ठा करती है, और तुम उसे ऐसा करते देखते हो। और भीतर ही भीतर मुग्ध होते हो और संतुष्ट हो जाते हो। वह तुम्हारी कवि प्रिया है। अगर वह नहीं होती तो किसी और को बनाते...

पुरुष : लेकिन मैं तुम्हें ही प्यार करता हूँ।

स्त्री : मुझे मालूम है। कम-से-कम तुम मुझे उससे तो ज्यादा ही प्यार करते हो। इसलिए नहीं कि मैं तुम्हें उससे ज्यादा देती हूँ...बल्कि इसलिए कि मैं तुम्हारी आदत हूँ।

पुरुष : आदत? यह कहकर तुम अपने को छोटा तो नहीं कर रहीं?

स्त्री : छोटा काहे को...क्या आदत छोटी चीज़ होती है। आदत बड़ी मज़बूत चीज़ होती है। वह पड़ गई तो छूटती नहीं। फिर ज्यों-ज्यों उम्र बढ़ती जाती है आदत और अधिक मजबूत होती जाती है। चाहे यह आदत औरत की हो, या शराब की... *(कुछ हँसकर)* या सिगरेट।

पुरुष : सिगरेट की? क्या तुम अपनी तुलना सिगरेट से कर रही हो। तुम क्यों गंभीर बात कहकर उसको इस तरह हल्का बना देती हो।

स्त्री : अरे सिगरेट? क्या वह कम मजबूत आदत होती है। छुड़वाओ किसी पीने वाले से...कोशिश करो।

पुरुष : *(कुछ व्यंग्य से)* सिगरेट से कैंसर हो जाता है।

स्त्री : तो क्या औरत से नहीं होता। औरत क्या कम बड़ा कैंसर होती है।

पुरुष : मुझे लग रहा है, तुम कुछ कहना चाह रही हो। पर सीधे शब्दों में नहीं कहना चाह रही हो। 'सिम्बल्स'-प्रतीकों में घुमा-फिराकर बातें कर रही हो। लग रहा है तुम कहीं नाराज़ हो। तुम जो नहीं कह रही हो। उसे सुन रहा हूँ।

स्त्री : *(एक उदासी के भाव से)* तो उसके लिए क्या कर सकते हो। तुम उस पान की दुकान पर खड़े होना तो नहीं छोड़ सकते?

पुरुष : तुम अगर कहोगी तो छोड़ दूँगा...

स्त्री : लेकिन मैं ऐसा तुमसे क्यों कहूँगी। मैं सचमुच इससे परेशान नहीं हूँ।

पुरुष : लेकिन तुमने बात चलाई है। *(कुछ चिढ़ से)* तुम आख़िर कहना क्या चाह रही हो। तुम्हारी ऐसी ही बातें तो समस्या बन जाती हैं। *(हाथ एक घुटने पर पटक कर)* रिडेल...रीयल रिडेल। औरतों का यह पहेलियाँ बुझाने वाले लहजे में बात करना, मुझे सचमुच बड़ी परेशानी में डाल देता है।

स्त्री : परेशानी मेरी तरफ़ से नहीं है केशव। तुम्हारे दिल की है। मुझे

सचमुच तुम्हारे उस संबंध से कोई शिकायत नहीं। सचमुच तुम्हारे लिए एक ज़रूरी चीज़ है।

पुरुष : *(कुछ देर चुप रहकर)*...ज़रूरी चीज़ है। वह तुम्हारे सोचने के लिए भी तुम्हें उलझाए रखने के लिए एक ज़रूरी चीज़ हो सकती है, शायद मेरे लिए उतनी नहीं।

स्त्री : मेरे लिए? मैंने कहा न, वह कुछ नहीं है, मेरे लिए वह।

पुरुष : तुम अच्छी तरह जानती हो कि मुझे पूरा वहाँ कुछ नहीं मिलता...

स्त्री : इसीलिए तो वह ज़रूरी है। पूरा मिल जाता तो तुम्हारे लिए वह उतना जरूरी न होता।

पुरुष : वहाँ जाने से मेरी इच्छाओं को संवेग मिलता है। मुझे अनुभव होता है कि कहीं कुछ मुझमें जाग्रत हो जाता है। कहीं कुछ है जो मुझे तापित करता है। कुछ है जो कहता है अब जाओ...फिर जो मैं दे पाता हूँ। वह तुम्हें ही देता हूँ। अपना सर्वस्व तुम्हें देता हूँ। अपनी पूरी शक्ति को तुममें प्रवाहित कर देता हूँ। एक अद्‌भुत मरीचिका को पाने के लिए मैं अपने वश से भी अधिक तेज़ी से दौड़ने की कोशिश करता हूँ।

स्त्री : नहीं। यह झूठ है। यह दंभ है। तुम मुझे कभी कुछ नहीं देते। तुम उस वक्त मेरे पास नहीं होते। तुम्हारे दिमाग़ में मैं नहीं होती...मैं तो सिर्फ माध्यम होकर रह जाती हूँ।

पुरुष : तो कौन होता है?

स्त्री : वही।

पुरुष : *(उत्तेजित होकर)* क्या?

स्त्री : हाँ, वही। औरत महसूस कर सकती है। वह जानती है कि उस वक्त पुरुष उसके पास है या दूर। उसके साथ है या और किसी के साथ।

पुरुष : *(गुस्से से)* यह तुम बेशर्मी की बात कह रही हो, नीति।

स्त्री : नहीं, मैं यह तथ्य कह रही हूँ।

पुरुष : तो तुम यह कह रही हो कि हम किसी और की कल्पना में किसी और के साथ...

स्त्री : हाँ। *(जरा रुककर)* यह होता है। हो सकता है। क्यों नहीं?

पुरुष : तो इसका मतलब है कि तुम जब मेरे साथ होती हो, तो तुम्हारी

कल्पना में तुम्हारा वह दूर का रिश्तेदार वह काला बदसूरत...क्या नाम है उसका विष्णु...होता है...मैं नहीं...।

स्त्री : *(चुप)*

पुरुष : बोलो...जब मैं तुम्हारे साथ...तुम्हारे शरीर के साथ...ओह! तब तुम मेरे बारे में नहीं, उसके बारे में सोचती हो। मुझे नहीं उसे महसूस करती हो?

स्त्री : *(चुप)*

पुरुष : *(चीखकर)* बोलो! जवाब दो नीति...जवाब दो।

स्त्री : *(झटके से खड़ी होकर, चिल्लाते हुए)* हाँ! हाँ वह होता है। वही होता है तब।

पुरुष : *(खड़े होते हुए)* क्या? क्या यह सच है।

स्त्री : *(शांति भाव से)* हाँ, यह सच है।

[पुरुष एक क्षण बिल्कुल ठंडा होकर खड़ा रहता है फिर तपाक से औरत के गाल पर एक तेज़ तमाचा जड़ देता है, औरत भी तभी तमाचा मारने के लिए हाथ उठाती है, पर बीच में ही रुक जाती है, और एक लंबी साँस खींचती हुई कहती है।]

स्त्री : आई पिटी यू! मुझे सचमुच तुम पर दया आती है... सचमुच।

[पुरुष देखता रह जाता है, होंठ काटता हुआ, बिल्कुल चुप। स्त्री झटके से कमरे के बाहर चली जाती है। तभी झटके से एक पर्दा गिरता है। जैसे कोई कटा हुआ पेड़ झटके से गिर रहा हो।]

मिस वर्ल्ड–अनडिक्लेयर्ड
अर्थात्
अघोषित विश्वसुन्दरी

[मंच : लंदन के एक एशियाई, अच्छे खाते-पीते परिवार के घर का एक छोटा कमरा। जो किसी 14-15 वर्ष की लड़की का रहने-सोने और सज्जा का कमरा है। पुस्तकें इधर-उधर बिखरी हैं। दीवार पर एक दो हॉलीवुड के अभिनेताओं के पोस्टर चिपके हुए हैं। ये स्टार इस लड़की के प्रिय 'पुरुष' हैं।

जब पर्दा उठता है तो 14-15 वर्ष की एक एशियाई लड़की जिसका रंग साँवला है ड्रेसिंग टेबल के सामने बैठकर अपने को सजा रही होती है। पहले अपने गालों पर पाउडर लगाती है, फिर सारे चेहरे पर। फिर उसे तौलिये से पोंछ देती है। फिर तौलिये को पास रखे बर्तन के पानी में डुबोकर भिगोती है, और पूरे मुँह को धोती और पोंछती है। और एक बार फिर चेहरे पर पाउडर लगाती है। कुछ देर अपना चेहरा आईने में निहारती है। होंठों पर बेहद लाल रंग की लिपस्टिक लगाती है। एक-दो चमकने वाली चाँदी और सोने के रंग वाली बिंदिया माथे और गाल और ठुड्डी पर लगाती है। फिर शीशे में अपने को बार-बार निहारती है। पर कुछ क्षणों के देखते रहने के पश्चात जैसे हार-सी जाती है। कुछ हताश हो जाती है। फिर फ्रस्ट्रेडेड वाली मुद्रा बनाकर सिर पर एक तमाचा जड़ देती है। कुछ क्षणों बाद एक झटके से उठकर खड़ी हो जाती है। और क्रोध में पैरों को पटकने लगती है, और जैसे चिल्लाने वाले स्वरों में कह पड़ती है–]

लड़की (नूरी): इट्स नो गुड। सब बेकार है। कोई फ़ायदा नहीं। अब कुछ नहीं

हो सकता। *(फिर रुककर)* ओ ऑलमायटी ह्वाई यू हैव मेड मे लाइक दिस...ह्वाई...ह्वाई...

[तभी कमरे के बाहर से दरवाज़े पर थाप पड़ती है। एक वयस्क स्वर...]

स्त्री स्वर : नूरी दरवाज़ा खोलो।

नूरी : *(झल्लाकर)* अरे दरवाज़ा बंद कहाँ है। आ जाओ अब तुम भी आ जाओ।

[दरवाज़ा खोलकर एक कोई पैंतीस साल की स्त्री प्रवेश करती है।]

औरत (लड़की की माँ) : *(कुछ नाराज़ स्वरों में)* क्या आज स्कूल नहीं जाना है। घड़ी में देखा, क्या वक्त हो गया है?

लड़की : *(गुस्से से)* आज मैं स्कूल नहीं जाऊँगी। अम्मी! आज नहीं...

स्त्री : अरे क्यों नहीं? क्या हो गया है?

लड़की : अम्मी मैंने कहा न कि आज मैं स्कूल नहीं जाऊँगी।

स्त्री : नूरी तुम्हारा दिमाग़ तो नहीं ख़राब हो गया है।

लड़की : हाँ समझ लो दिमाग़ ही ख़राब हो गया। समझ लो कि मैं बेहद बीमार हो गई हूँ। समझ लो कि मैं मर रही हूँ।

स्त्री : *(स्थिति को कुछ हल्का करने के लिए शांत स्वरों में)* बेटी क्या बात है। क्या स्कूल में किसी से झगड़ा हो गया है या किसी लड़के ने तुम्हें छेड़ा है।

लड़की : हुँऽऽ। लड़के ने...*(फिर ज़रा रुक कर)* अम्मी मैंने कह दिया न कि आज मैं स्कूल नहीं जाऊँगी।

स्त्री : *(कुछ नाराज़ स्वरों में)* अरे, होश में आओ। अब्बा जान उठ गए हैं। सुन लेंगे तो सारा घर सिर पर उठा लेंगे।

लड़की : तो उठा लेने दो। लेकिन मैं स्कूल नहीं जाऊँगी। एंड दिस इज़ फाइनल।

स्त्री : डोंट बी ऐबसर्ड। बेकार बातें बंद करो। नहीं तो मैं अब्बा को बुलाती हूँ।

लड़की : तो बुला क्यों नहीं लेती। दो, दोनों लोग मुझको गालियाँ फिर स्कूल को भी फोन कर दो। हेडमास्टर को भी बुला लो। और हाँ पुलिस को भी...तो भी मैं आज स्कूल नहीं जाऊँगी।

स्त्री : *(हतप्रभ-सी खड़ी होकर सोचने लगती है फिर अपने क्रोध को कुछ शांत करती है। और लड़की के करीब जाती है और उसका हाथ पकड़कर बिस्तर तक लाती है। खुद बैठ जाती है और उसे खींचकर अपने पास बैठा लेती है। फिर कहती है...)* बोलो बेटी। खामोश होकर कहो...क्या बात है। क्या हुआ है स्कूल में। क्या आज फिर उन लड़कियों से झगड़ा हुआ है। उन्हीं शैतान रेसिस्ट लड़कियों से?

[लड़की माँ की ओर देखती है। फिर सहसा रोने लगती है। माँ उसे और नज़दीक खींच कर उसका मुँह अपने कंधे से लगा लेती है। फिर कुछ देर उदास होकर बेटी की सुबकियों को सुनती रहती है। फिर उसके सिर को और बालों को सहलाती है। उसकी पीठ को धीरे-धीरे थपथपाने लगती है। फिर जब लड़की का रोना मंद पड़ जाता है, तो आहिस्ते-आहिस्ते कहती है–एक-एक स्वर पर ज़ोर लगा कर।]

स्त्री : उन बज्जात लड़कियों की परवाह नहीं करनी चाहिए। वे सब छोटे लोगों के घरों से आती हैं। उन सबों के माता-पिता ज़ाहिल हैं। मजदूर तबके के हैं। उनके परिवार टूटे हुए हैं। वे सब अपना गुस्सा हम परदेसियों पर उतारते हैं। वे 'गोरे' लोग बदमाश घरों के लोग हैं। वे खुद काम नहीं करते और अपनी परेशानियों की जिम्मेदारी हम एशियाइयों पर थोपते हैं। मेरा पूरा यक़ीन है, ये सब रेसिस्ट गोरे लोगों–अपढ़-ज़ाहिल गोरे लोगों के घरों की लड़कियाँ हैं। ये लोग नेशनल फ्रंट के लोग हैं। जो हम एशियाई लोगों से जलते हैं। हमें फूटी आँखों से भी नहीं देखना चाहते। वे सब आमादा हैं हमारे घरों पर आग फेंकने के लिए। वे सब कहते हैं कि हम एशियाई लोगों को उनके मुल्कों में वापस भेज कर ही रहेंगे। वे हमें जहाँ भी अकेला देखते हैं और खुद दो चार लोगों के झुंड में होते हैं–तो भद्दी-भद्दी गालियाँ देते हैं। तुम्हारे स्कूल की वे लड़कियाँ, जो तुम्हें तंग करती हैं वे उन्हीं लोगों की लड़कियाँ हैं। बर्बाद घरों की लड़कियाँ हैं। उनकी बात का बुरा मानोगी तो पागल हो जाओगी, बेटी। अरे अल्लाह का शुक्र कि अब यहाँ के अच्छे गोरे लोग इन सब लोगों के ख़िलाफ़ हो रहे हैं। हम जब यहाँ आए थे तो हमारे

साथ तो और ज्यादा बदतमीज़ियाँ होती थीं। अगर तुम स्कूल नहीं जाओगी तो वे तालियाँ बजा कर हँसेंगी। कहेंगी जीत गईं। तुम्हारा आना-जाना बंद कर दिया। एक दिन स्कूल नहीं गईं तो दूसरे दिन तुम्हारे घर के चारों ओर तुम्हें परेशान करेंगी। तुम्हारा घर से निकलना बंद करवा देंगी। *(कुछ रुककर)* नहीं बेटी! हारना नहीं है तुम्हें। फिर कुछ ही दिनों की और बात है। तुम स्कूल में इतना अच्छा काम कर रही हो...तुम्हें जल्दी ही किसी अच्छे स्कूल में दाखिला मिल जाएगा। हम लोग कमर तोड़कर काम कर रहे हैं। पैसे जुटा रहे हैं। तुम्हें हम डॉक्टर बनवा कर ही दम लेंगे।

[लड़की धीरे-धीरे शांत होने लगती है। अपना चेहरा उठाती है। माँ से लिपट जाती है। फिर कुछ रुककर]

लड़की : ठीक कहती हो माँ! मैं हारूँगी नहीं। जैसी हूँ उसी तरह लड़ूँगी। चेहरा सुंदर नहीं है तो क्या। मेरा रंग साँवला है तो क्या। मैं कभी इम्तहान में तो फेल नहीं हुई। जबकि वे चारों बदमाश लड़कियाँ कई सबजेक्ट्स में फेल हो चुकी हैं। वे खूबसूरत हैं। ब्लॉड हैं। गोरी हैं तो क्या। उनका दिमाग़ तो मुझसे अच्छा नहीं है। अगर होता तो उनके नंबर इतने खराब क्यों होते। मैं अपनी अक्ल से उन्हें हराऊँगी, अक्ल से। इम्तहानों में फर्स्ट क्लास पाने वाले अक्ल से।

स्त्री : शाबाश बेटी। दैट्स द स्पिरिट... *(फिर कुछ देर रुककर)* लेकिन नूरी आज क्या कोई ख़ास बात हो गई है, क्या? जो तू इतना परेशान हो गई कि रो पड़ी। क्यों बता क्या कुछ ख़ास हुआ है क्या...?

लड़की : हाँ, कुछ ख़ास ही समझ लो।

स्त्री : कहो न क्या हुआ।

लड़की : वो लड़की लूसी है न, उसने सबके सामने कहा कि अगर नूरी का बिस्तर सुबह देखो तो उसकी चादर का सफेद रंग इसके बदन की रगड़ से इसके रंग का हो गया होगा। काला। इसके रंग जैसा...यह सुनकर सब लड़कियाँ हँस पड़ीं। मैंने ऐसे वक्त खामोशी से काम लिया और कहा नहीं ऐसा नहीं होता। चादरें इंसान के चमड़े के रंग की रगड़ से रंग नहीं बदलतीं। इस पर लूसी ने कहा, तो ठीक

है...हम तुम्हारी बात को मान लेंगे अगर तुम कल अपने सोए हुए बिस्तर की चादर को दिखाओगी। अगर उसका रंग काला नहीं हुआ होगा तो इस हफ्ते की सारी पॉकेट मनी मैं तुम्हें दे दूँगी। यह मेरी शर्त रही। मैं एक मिनट चुप रही। फिर मैंने उस पर चोट करने के लिए कहा पैसे की शर्त मत लगाओ क्योंकि अगर तुम हार गईं न, तो हफ्ते भर काम निकालने के लिए और लोगों की जेबों से चोरियाँ करोगी। तुम्हारे घरवालों के पास इतने पैसे कहाँ होंगे जो तुम्हें दुबारा देंगे। वो तो सरकार से उन्हें तुम्हारे लिए जो पैसे मिलते हैं... वो ही तुम्हें देते हैं। नहीं तो तुम्हें वो एक मटर का दाना भी नहीं देते। तो देखो, पैसे की शर्त मत लगाओ। चादर से चादर की शर्त लगाओ। मैं चादर लाऊँगी। अगर वह काली हो गई हो तो तुम जीतोगी। और नहीं तो मैं जीतूँगी। पर, एक बात और। इसी तरह मैं भी तुम्हारी चादर देखना चाहूँगी कि उसका रंग बदलता है कि नहीं। क्या उसका रंग तुम्हारे चमड़े जैसा ही तो नहीं हो जाता। यानी बिना खून पानी वाले ललछऊँ रंग वाला शायद पिंक—शायद वो भी नहीं। शायद केवल बिना रंग वाला या बदरंग...इस पर उन लड़कियों ने मेरा गला घोंटना शुरू कर दिया। ख़ैर था कि मिस्टर ह्वाइट जो हमारे स्कूल के दरबान हैं, वो आ गए और उन लड़कियों को फटकारा और हेडमास्टरनी से शिकायत करने की धमकी दी।

स्त्री : शाबाश बेटी। यह हुई अक्ल की जीत। अंग्रेज़ को मात देने के लिए उसके ही आर्गुमेंट को उलटकर उन पर कस दो, तभी वो ठीक सच्चाई समझ पाते हैं। ख़ैर। चलो बात ख़त्म हो गई। अब तुम जीत गई हो। जाओ स्कूल जाओ।

लड़की : लेकिन अम्मीजान। इस सबके बाद मुझे रात भर नींद नहीं। मैं बार-बार सोचती रही कि ये गोरे लोग क्यों इतने खूबसूरत होते हैं। क्या मैं कभी गोरी लड़कियों जैसी खूबसूरत नहीं बन पाऊँगी।

स्त्री : क्या फिजूल बातें कर रही हो। अरे हमारी लड़कियाँ भी एक-से-एक खूबसूरत होती हैं...देखो नूरजहाँ, मुमताज, माधुरी दीक्षित अरे ये सब खूबसूरत नहीं हैं तो क्या हैं। वे बंदरियों जैसी लड़कियाँ ही तुम्हें क्यों खूबसूरत लगती हैं। *(ज़रा रुककर)* बेटा खूबसूरती की

कोई एक पहचान नहीं है। देखो, मुझे देखो : मैं भी कोई खूबसूरत नहीं हूँ। लेकिन देखो अपने अब्बाजान को...वो मुझसे कितनी मोहब्बत करते हैं। जब तुम अस्पताल में पैदा हुई थीं न, तब इन्हें जब लोगों ने मेरे लिए घबराया हुआ और परेशान देखा तब जाना की एशियाई मर्द अपनी औरतों को कितना प्यार करते हैं। तुम्हारे अब्बाजान उस रात घर नहीं गए। अकेले बाहर बैठे रहे। हर नर्स से पूछते रहे। अब मैं कैसी हूँ। कोई कॉम्प्लीकेशन तो नहीं हुआ। दूसरे दिन मेरे बगलवाली गोरी औरत ने कहा। मुझे तुमसे रश्क होता है। काश कि मेरे मर्द को मेरा इतना ख़्याल रहता। तो बेटी खूबसूरती ही सब चीज़ नहीं होती। सबसे बड़ी खूबसूरती वह होती है जिसे मोहब्बत मिलती है। तुम इतनी अक्लमंद हो और हमारी आँखों में इतनी खूबसूरत हो कि तुम्हारा कोई मुकाबला नहीं कर सकता। अब जाओ स्कूल जाओ।

[लड़की खड़ी हो जाती है। तौलिए से मुँह को रगड़ कर पाउडर और मेकअप मिटा देती है। तभी मंच पर अँधेरा हो जाता है। फिर हल्का संगीत गूँजने लगता है। कोई पाँच दस मिनट के बाद जब मंच पर रोशनी होती है, तब वही लड़की बेतहाशा खुशी से नाचती हुई दिखती है। तभी दरवाज़े पर फिर खटखटाहट होती है और लड़की की माँ भीतर आ जाती है। लड़की माँ को अंक में भर लेती है, और अपने साथ उसे भी नचाने लगती है। कुछ ही समय में टेप पर चलता हुआ संगीत रुक जाता है। तब माँ पूछती है–]

स्त्री : क्या बात है, इतनी खुश क्यों हो गई हो। क्या कोई खजाना मिल गया है।

लड़की : अरे माँ, खज़ाने से ज्यादा मिल गया है।

स्त्री : क्या? कुछ कहो तो।

लड़की : तुमने सुना नहीं। मिस इंडिया, जीत गई। वह मिस वर्ल्ड चुन ली गई है। अरे...अम्मी तुमने उन लड़कियों का चेहरा देखा होता। सबका चेहरा फक्क पड़ा हुआ था, जब मिस वर्ल्ड का ऐलान हुआ। ज्यों ही वह हुआ मैं खड़ी हो गई और ज़ोर से चिल्ला पड़ी। देखा चमड़े का रंग ही सब कुछ नहीं होता। सुंदरता और अक्ल चमड़े के रंग से ज्यादा बड़ी चीज़ें होती हैं। अब मिस वर्ल्ड से लिखकर

पूछो कि चुनाव के बाद उसके बिस्तर के चादर का रंग काला हुआ, या जैसा था वैसा ही बना रहा। ...अम्मी काश उस वक्त तुमने उन लड़कियों का चेहरा देखा होता। *(फिर रुककर)* अम्मी! पाकिस्तानी लड़कियाँ क्यों नहीं इसमें हिस्सा लेतीं!

स्त्री : *(कुछ सोचकर)* हर एक क़ौम की अलग-अलग रीति होती है। कुछ लोग लड़कियों के ऐसे चुनाव को ठीक नहीं समझते और ऐसे लोग पाकिस्तानी भी होते हैं और हिंदुस्तानी भी। ख़ैर इस समय तो खुश हों हम कि एक एशियाई लड़की मिस वर्ल्ड हुई। और यह हर एशियाई के लिए फख्र की चीज़ है। और मुझे अच्छा यह इसलिए भी लग रहा हैं कि अब हमारी लड़कियाँ अपने को इनफ़ीरियर नहीं मानेंगी। अगर वो खूबसूरत हैं, अक्लमंद हैं तो जीतेंगी ही। यह हम एशियाई औरतों के लिए प्राउड होने की बात है, क्योंकि इसका असर हमारी लड़कियों पर, अगर वो अक्ल से काम लेंगी, तो बुरा नहीं पड़ेगा। यह कभी नहीं भूलना कि अगर लड़की सिर्फ खूबसूरत ही हो तो नहीं जीत सकती। जिसमें दोनों का समावेश होगा, वह, कहीं न कहीं पहुँचकर ही रहेगी।

लड़की : लेकिन मैं इतनी बदसूरत हूँ कि कहीं नहीं पहुँचूँगी।

स्त्री : ख़बरदार। फिर कभी ऐसा नहीं कहना। अरे तुझे मालूम नहीं कि तू कितनी सुंदर है। और हमारे लिए तो तू परी है परी। तू माने या न माने हम लोगों के लिए तो तू ही मिस वर्ल्ड है। दुनिया इसे घोषित करे या नहीं मैं डिक्लेयर करती हूँ कि नूरी अब्बास इज़ ऑवर मिस वर्ल्ड...

(लड़की माँ से चिपट जाती है। तभी पर्दा गिरता है।)

●●●